「通古察今」系列丛书

农民起义第一王
——《陈涉世家》与上古社会底层劳动者研究

晁福林 著

河南人民出版社

图书在版编目(CIP)数据

农民起义第一王：《陈涉世家》与上古社会底层劳动者研究 / 晁福林著. —— 郑州：河南人民出版社，2019. 12 (2024. 5 重印)
("通古察今"系列丛书)
ISBN 978-7-215-12083-9

Ⅰ.①农… Ⅱ.①晁… Ⅲ.①农民起义-研究-中国-古代 Ⅳ.①K201

中国版本图书馆 CIP 数据核字(2019)第 270882 号

河南人民出版社 出版发行
(地址:郑州市郑东新区祥盛街 27 号 邮政编码:450016 电话:0371-65788077)
新华书店经销　　　　　　　永清县晔盛亚胶印有限公司印刷
开本　787 毫米×1092 毫米　　1/32　　印张　4.5
字数　59 千字
2019 年 12 月第 1 版　　　　　2024 年 5 月第 3 次印刷

定价:48.00 元

"通古察今"系列丛书编辑委员会

顾　问　刘家和　瞿林东　郑师渠　晁福林
主　任　杨共乐
副主任　李　帆
委　员（按姓氏拼音排序）

安　然　陈　涛　董立河　杜水生　郭家宏
侯树栋　黄国辉　姜海军　李　渊　刘林海
罗新慧　毛瑞方　宁　欣　庞冠群　吴　琼
张　皓　张建华　张　升　张　越　赵　贞
郑　林　周文玖

序　言

在北京师范大学的百余年发展历程中，历史学科始终占有重要地位。经过几代人的不懈努力，今天的北京师范大学历史学院业已成为史学研究的重要基地，是国家首批博士学位一级学科授予权单位，拥有国家重点学科、博士后流动站、教育部人文社会科学重点研究基地等一系列学术平台，综合实力居全国高校历史学科前列。目前被列入国家一流大学一流学科建设行列，正在向世界一流学科迈进。在教学方面，历史学院的课程改革、教材编纂、教书育人，都取得了显著的成绩，曾荣获国家教学改革成果一等奖。在科学研究方面，同样取得了令人瞩目的成就，在出版了由白寿彝教授任总主编、被学术界誉为"20世纪中国史学的压轴之作"的多卷本《中国通史》后，一批底蕴深厚、质量高超的学术论著相继问世，如八卷本《中国文化发展史》、二十卷本"中国古代社会和政治研究丛书"、三卷本《清代理学史》、五卷本《历史文化认同与中国统一多民族国家》、二十三卷本《陈垣全集》，以及《历史视野下的中华民族精神》《中西古代历史、史学与理论比较研究》《上博简〈诗论〉研究》等,这些著作皆声誉卓著,在学界产生较大影响,得到同行普遍好评。

除上述著作外,历史学院的教师们潜心学术,以探索精神攻关,又陆续取得了众多具有原创性的成果,在历史学各分支学科的研究上连创佳绩,始终处在学科前沿。为了集中展示历史学院的这些探索性成果,我们组织编写了这套"通古察今"系列丛书。丛书所收著作多以问题为导向,集中解决古今中外历史上值得关注的重要学术问题,篇幅虽小,然问题意识明显,学术视野尤为开阔。希冀它的出版,在促进北京师范大学历史学科更好发展的同时,为学术界乃至全社会贡献一批真正立得住的学术佳作。

当然,作为探索性的系列丛书,不成熟乃至疏漏之处在所难免,还望学界同人不吝赐教。

北京师范大学历史学院
北京师范大学史学理论与史学史研究中心
北京师范大学"通古察今"系列丛书编辑委员会
2019年1月

目　录

前　言 \ 1

一、关于"王侯将相宁有种乎" \ 4

二、再谈"王侯将相宁有种乎" \ 10

三、《史记·陈涉世家》的若干问题辨析 \ 16

　　（一）"失期法皆斩"当作何解？ \ 16

　　（二）陈涉的社会身份问题 \ 26

四、司马迁与《陈涉世家》\ 35

五、论农民战争的思想武器 \ 47

　　（一）如何分析农民阶级的平均主义、平等思想 \ 47

　　（二）农民战争中的皇权主义问题 \ 54

六、如何评价《天朝田亩制度》\64

(一)从根本上否定了封建土地所有制吗？\64

(二)是一种空想社会主义吗？\69

(三)如何评价《天朝田亩制度》\74

七、甲骨文"徒"字说\81
——关于商代社会底层劳动者的一个考察

(一)甲骨文"徒"字的考定\83

(二)甲骨卜辞所见"徒"的身份及社会地位\91

(三)略说商代以后时期的"徒"\104

(四)简短的结语\108

八、周代国人与庶民社会身份的变化\115

(一)西周与春秋时期国人身份的区别\116

(二)周代庶人社会身份的变化\124

参考资料\135

前言

我国古代农民起义波澜壮阔、延绵不绝,是推动古代社会发展的重要动力。关于古代农民起义的研究曾经在史学界风行一时,有些研究有将其历史作用拔高的倾向,近时的相关研究比较沉寂,对于农民起义的重要历史作用认识不足。认识和研究古代农民起义的起因、经过、作用及历史意义,将是一个长期的重要课题。

古代农民起义打破了固有的社会秩序,对于社会经济、文化等方面的发展有一定的破坏,这是毋庸讳言的客观存在,但是古代的封建王朝到了其衰亡期,政治已经完全腐朽,社会的发展已经很难在固有的秩序下继续运行。这时代的农民起义,推翻旧王朝,重建社会秩序,已是历史向前发展的根本动力。非如此,便不会有对旧秩序、旧王朝的致命一击，便不会有振聋发聩的历史前进的号角吹响。从这个角度看，说农民起义是一种革命，并不过分。

不过，应当清醒看到的是，古代农民起义这种革命，并不是影响整个社会性质的革命，并不是推翻封建制度的革命。它所起到的历史作用只是推翻旧王朝、建立新王朝。这是古代农民起义的历史局限性之所在。古代农民起义所持的口号和理论，超不出封建思想的范畴，即便是杰出的农民起义领袖也不会拥有超出时代的思想武器。

古代农民起义在历史发展中自当有其恰当的位置，拔高和贬低都不是正确的认识。认识和研究古代农民起义，是颇有难度的工作。农民起义所引起的社会风暴对于社会经济和文化往往带来不小的破坏，这应当是不争的史实，但这种破坏和影响可以说是社会前进所必须付出的代价。农民起义的研究，不仅有相关史料的汇集问题，而且有对于史料的认识问题。客观而认真地进行考索探讨，应当是唯一可行的路径。

古代农民起义领导称王者，首推秦末农民领袖陈涉。他是农民起义第一王，很值得我们景仰和研究，《史记·陈涉世家》是我们相关研究的最重要的资料。这本小书从剖析陈涉起义的口号问题入手,依次辨析《陈涉世家》的一些问题,让我们走近这位第一王,了解其行事和思想,这应当是一件有意义的事情。

要深入认识陈涉,还应当对上古社会底层的劳动者的情况有所了解。所以本书还对商周社会的底层劳动群众的情况进行了一些分析和考证,希望能够加深对于陈涉的认识。

(2019-1-27)

一、关于"王侯将相宁有种乎"

《史记·陈涉世家》所记陈胜大泽乡起义时说的"王侯将相宁有种乎"这句话,多年来被许多研究者称引。有说它是"反天命的朴素的唯物论",是对"统治阶级的意识形态(如天命论)的强有力的挑战";有说它是"农民民主思想的萌芽","政治平等的要求、反隶属关系的鲜明纲领";有说它是秦末农民大起义的口号,"一开始就把斗争矛头对准了封建皇帝,开创了历史上农民起义的新纪元"。总之,从思想上说它是反天命的;从政治上说它是反皇权的。

果真如此吗?

许多研究者把这句话理解为"王侯将相难道是天生的吗",然后在此基础上加以评价。但是,仔细分析,可以看出,这样理解并不恰当。关键在于这里的"种"

一、关于"王侯将相宁有种乎"

并没有"天生"的意思。用"种"来指人时,通常指人的族类,如:绝种、传种、黄种等,在古代汉语里也可引申为后嗣。《史记》里多用这个引申出来的意思,如:"女不取媒因自嫁,非吾种也"[1],"女不必贵种,要之贞好"[2],"臣,将种也"[3]等都是这样的用法。"王侯将相宁有种乎"里面的"种"也是后嗣的意思。为了使译文通顺,似应再引申为祖传,就是:王侯将相难道是祖传的吗。古代汉语里的某些词的含义在使用时可以引申,但是不能任意发挥,如这里的"种"就不能说成天生,因为它本身并不具备这个意思。由此可见,所谓"反天命"之说并不是史料本身固有的,而是研究者主观所赋予的内容。

"王侯将相宁有种乎"这句话不仅不能证明所谓"反天命"之说,而且恰恰相反,揭示了陈胜正是利用天命、迷信来动员群众起义的。恩格斯说:"对于完全

---

[1] 《史记·田敬仲完世家》,见司马迁《史记》卷四十六,北京:中华书局,1959年,第1901页。

[2] 《史记·外戚世家》,见司马迁《史记》卷四十九,北京:中华书局,1959年,第1948页。

[3] 《史记·齐悼惠王世家》,见司马迁《史记》卷五十二,北京:中华书局,1959年,第2001页。

受宗教影响的群众的感情来说，要掀起巨大的风暴，就必须让群众的切身利益披上宗教的外衣出现。"[1] 陈胜吴广起义前曾去行卜，受到卜者的启示："乃丹书帛曰'陈胜王'，置人所罾鱼腹中。卒买鱼烹食，得鱼腹中书，固以怪之矣。又间令吴广之次所旁丛祠中，夜篝火，狐鸣呼曰'大楚兴，陈胜王'。"[2] 所以陈胜吴广杀死两名将尉，动员群众起义时说"王侯将相宁有种乎"。它的含义是，要当王侯将相不一定靠祖传，像陈胜这样当"佣耕"的人，由于天命神灵的安排，也可以为王。鱼腹丹书和篝火狐鸣就是利用天命论和迷信手段为"陈胜王"造舆论，让群众相信，尽管陈胜出身于"佣耕"，不可能靠祖传为王侯将相，但是却可以凭天命神灵的安排而为王。

有人把"王侯将相宁有种乎"说成是否定王侯将相的，而王侯将相里又必定包括了皇帝，因而认为这是反皇权的口号。其实，这是误解。这句话并不否定

---

[1] 恩格斯：《路德维希·费尔巴哈和德国古典哲学的终结》，北京：人民出版社，1972年，第46页。

[2] 《史记·陈涉世家》，见司马迁《史记》卷四十八，北京：中华书局，1959年，第1950页。

王侯将相，而是说普通民众也能当王侯将相。大泽乡起义时，陈胜说："公等遇雨，皆已失期；失期当斩。藉第令毋斩，而戍死者固十六七。且壮士不死即已，死即举大名耳，王侯将相宁有种乎！"[1]这段话里，"王侯将相宁有种乎"正是号召壮士"举大名"的具体释解。

我们要分析陈胜等农民起义领袖是否有皇权思想，并不乏史料。《史记·陈涉世家》载有陈胜跟吴广商量如何"诈称公子扶苏"的事，他们认为"二世少子也，不当立，当立者乃公子扶苏"[2]。《史记·项羽本纪》载："秦始皇帝游会稽，渡浙江，梁与籍俱观。籍曰：'彼可取而代也。'"[3]《史记·高祖本纪》载："高祖常繇咸阳，纵观，观秦皇帝，喟然太息曰：'嗟乎，大丈夫当如此也！'"[4]这些材料表明秦末农民战争四位领袖尽管程

---

[1]《史记·陈涉世家》，见司马迁《史记》卷四十八，北京：中华书局，1959年，第1952页。

[2]《史记·陈涉世家》，见司马迁《史记》卷四十八，北京：中华书局，1959年，第1950页。

[3]《史记·项羽本纪》，见司马迁《史记》卷七，北京：中华书局，1959年，第296页。

[4]《史记·高祖本纪》，见司马迁《史记》卷八，北京：中华书局，1959年，第344页。

度不同却都有皇权思想。当然，这并不影响我们分析农民战争的革命性质。陈胜吴广打出扶苏的旗号，掀起席卷大地的革命风暴，其历史意义是应当充分论述的，但不能由此否定农民具有皇权思想。"王侯将相宁有种乎"并不是一个反皇权的口号，恰恰相反，它正表明了当时农民所具有的皇权思想。所谓"政治平等的要求""农民民主思想的萌芽"，更与这种有皇权思想的语句大相径庭。

我们分析史料必须遵循的一项原则是："卓绝地坚持哲学史中的严格历史性，反对把我们所能了解的而古人事实上还没有的一种思想的'发展'硬挂到他们名下。"[1] 我们应当实事求是地分析史料本身的固有内容，而不应任意发挥，或者通过改铸而赋予史料以新的内容。有的研究者过高地不适当地评价"王侯将相宁有种乎"这句话，并把它作为秦末农民战争的口号，是不合适的。

恩格斯分析德国农民战争时曾经指出，"每一次都把斗争内容简明地以政治标语的形式写在旗帜

---

[1] 列宁：《黑格尔〈哲学史讲演录〉一书摘要》，《列宁全集》第38卷，北京：人民出版社，1972年，第272页。

一、关于"王侯将相宁有种乎"

上"[1]。农民战争的口号就是农民战争中的简明的政治标语。陈胜曾说过"天下苦秦久矣"[2],起义军胜利发展时,三老豪杰说陈胜"被坚执锐,伐无道、诛暴秦"[3]。刘邦起义时也曾以"天下苦秦久矣"动员群众。秦末农民战争中项羽也说到要"戮力而攻秦"[4]。推翻秦王朝残暴统治是各路起义军共同的目标,反秦是最得人心的政治号召。由此看来,《史记·陈涉世家》所载"伐无道、诛暴秦"[5]当为秦末农民战争的口号,它反映了秦末农民战争的时代特点,反映了广大民众的共同要求。具有天命论和皇权思想色彩的"王侯将相宁有种乎",虽然也有动员群众的作用,但作为简明的政治标语来说,是不如用"伐无道、诛暴秦"作为口号合适的。

---

[1] 《马克思恩格斯军事文集》第1卷,北京:战士出版社,1981年,第85页。
[2] 《史记·陈涉世家》,见司马迁《史记》卷四十八,北京:中华书局,1959年,第1950页。
[3] 《史记·陈涉世家》,见司马迁《史记》卷四十八,北京:中华书局,1959年,第1952页。
[4] 《史记·项羽本纪》,见司马迁《史记》卷四十八,北京:中华书局,1959年,第305页。
[5] 《史记·陈涉世家》,见司马迁《史记》卷四十八,北京:中华书局,1959年,第1952页。

二、再谈"王侯将相宁有种乎"

我在《关于"王侯将相宁有种乎"》一文中提到这句话具有天命论色彩[1],有同志对此提出质疑[2]。特写此文回复质疑,申述我个人的浅见。

如何理解"王侯将相宁有种乎"这句话,我在前一篇拙稿中指出,不应当把它解为"王侯将相难道是天生的吗",而应为"王侯将相难道是祖传的吗"。

有同志提出"王侯将相宁有种乎"这句话没有天命论色彩。说"王侯将相宁有种乎"这句话"是雄心壮志的表现","是要求改变被剥削被压迫地位的一种反抗意识的表现,和相信什么天命根本不相干"。但是,

---

[1] 晁福林:《关于"王侯将相宁有种乎"》,《历史研究》1978年第5期。
[2] 高振铎:《〈"王侯将相宁有种乎"具有天命论色彩吗?〉》,《北方论丛》1979年第4期。

二、再谈"王侯将相宁有种乎"

为什么说"雄心壮志""反抗意识"一定不会是天命论思想呢?实际上,"雄心壮志"也好,"反抗意识"也好,和天命论思想都不是水火不容的。从哲学思想上分析,它可以是唯物的,也可以是唯心的,并不能统统挂上朴素唯物论的桂冠。

有同志分析了"利用和相信天命迷信"的关系问题。愚以为,这确是一个值得讨论的关键问题。

天命论和一切宗教哲学一样,从本质上看是一种精神麻醉剂。剥削阶级往往利用它来欺骗劳动人民,被剥削阶级也往往利用它来掀起革命斗争。能不能说凡是利用天命论者都是对天命论不相信的人呢?显然不能。"利用"和"相信"尽管有区别,但二者之间并没有一道不可逾越的鸿沟。恩格斯分析基督教时曾指出,不能"简单地说它是骗子们凑集而成的荒唐话"[1]。就天命论来说,并不能简单地把它看作只是对别人的欺骗,还应当看到其利用者往往也是虔诚的相信者。这种情况并不罕见。例如唐末农民战争中,黄巢曾这样解释自己称帝这件事:"唐帝知朕起义,改元广明,

---

[1] 《马克思恩格斯论宗教》,北京:人民出版社,1954年,第63页。

以文字言之，唐已无天分矣。'唐'去'丑''口'而安'黄'，天意令黄在唐下，乃黄家日月也。"[1] 表面看来，黄巢是在用拆字的迷信办法说明自己的胜利，实质上反映了他对"天分""天意"的崇敬膜拜态度。直到近代的太平天国革命中，洪秀全还宣称自己是上帝特遣下凡的"真命天子"，把"顺天"与"逆天"作为判别善恶的最高标准。连较多地接触过一些新思想的洪仁玕也说"生死由命，富贵在天，举凡有形无形，皆莫非上帝主宰"，仍然没有摆脱天命论的羁绊。

有同志认为，正因为陈胜、吴广"利用"天命论，这就"恰好说明陈胜吴广并不相信"天命论。又说："如果他们真的相信什么天命，那他们便不敢去弄虚作假冒充天命。"显然，我们不能把"利用"和"相信"绝对地对立起来，更不能使之公式化。

在封建社会里，无论是剥削阶级或是被剥削阶级，都利用过天命论。如果按上述那种绝对化的公式来看，天命论竟是无人相信的东西，成了一堆"骗子们凑集而成的荒唐话"。这难道能够认为是正确的吗？

---

[1]《旧唐书·黄巢传》，见刘昫等撰《旧唐书》卷二百，北京：中华书局，1975年，第5393页。

二、再谈"王侯将相宁有种乎"

封建时代的人们对于天命论思想的相信和利用,往往是否定旧的天命,承认和宣传新的天命,并以此作为现实政治斗争的手段。曹操说自己"性不信天命",怕别人说他有篡汉的"不逊之志"。高文以为这"完全说明不相信天命的人才有可能产生当皇帝的妄想",并推论道:"由此可见,说'王侯将相宁有种乎'的陈胜,确实有着'朴素的唯物论'思想。"事实上,曹操的"不信天命"只是不信汉朝天子的"天命"。当讲到曹氏之集团时,他又是十分敬重"天命"的。当时流传着许多曹魏当兴的符瑞之兆、谶纬之言。夏侯惇劝曹操代汉称帝时,曹操说:"'施于有政,是亦为政'。若天命在吾,吾为周文王矣。"[1] 视"天命"的保佑为曹魏代汉的根本,曹操的这个意思是可一目了然的。实际上,正是相信"天命"的人才有可能产生当皇帝的想法。所谓相信"天命",就是相信自己"奉天承运",这当然是对旧的封建王朝的"天命"的否定,但却不是对整个天命论思想的否定。由此可见,说"王侯将相宁有种乎"的陈胜的支配思想不是"朴素的唯

---

[1]《魏书·武帝纪》,见陈寿《三国志》卷一,北京:中华书局,1959年,第53页。

物论",而正是天命论。

陈胜曾经利用过天命论,这是没有多少疑问可言的。现在的问题是,陈胜是否相信天命论?陈胜、吴广在商定要率众起义时,进行的第一件事便是"行卜",算一算吉凶祸福。如果他们不信"天命",又何必去算卦呢?卜者告诉他们,"足下事皆成,有功"[1],这坚定了他们的信心,成为他们采取鱼腹丹书和篝火狐鸣的办法作为"威众"手段的一个重要原因。大泽乡起义时,陈胜说:"王侯将相宁有种乎?"合乎逻辑的回答必然是,王侯将相不一定靠祖传。正由于陈胜坚信自己由于天命的安排可以为王,所以在起义军攻占陈后,便不顾张耳、陈余等人的阻拦而"遂立为王"。

有同志认为,"要验证'王侯将相宁有种乎'是否具有反天命思想,办法之一,是考查其前和当时社会条件下能否有反天命思想的人存在"。

我以为,农民群众受剥削受压迫的阶级地位,并没有提供造就天然的、具有反天命思想者的可能性。陈胜可以率领民众来打碎秦王朝的封建统治,但是由

---

[1]《史记·陈涉世家》,见司马迁《史记》卷四十八,北京:中华书局,1959年,第1950页。

二、再谈"王侯将相宁有种乎"

于历史条件的限制却不可能找到思想武器去打破天命论。农民革命战争的根本任务在于摧毁严重阻碍生产力发展的旧的封建王朝,批判天命论和其他唯心主义谬论的任务是单纯的农民革命不可能完成的,也是不应当加到农民起义军的肩上的。毛泽东同志说:"在很长的历史时期内,大家对于社会的历史只能限于片面的了解,这一方面是由于剥削阶级的偏见经常歪曲社会的历史,另方面,则由于生产规模的狭小,限制了人们的眼界。"[1]统治者的残暴的政治压迫和经济剥削,农民群众的极端贫困的生活和卑贱的社会地位,这些与其说是产生反对天命论的朴素唯物论的社会条件,毋宁说它是滋生天命论等唯心主义思想的温床更为合适。封建时代的农民阶级的天命论思想有着深刻的社会根源和阶级根源,陈胜并不是生活在世外桃源里,他具有天命论思想,并不奇怪。

---

[1] 毛泽东:《实践论》,《毛泽东选集》第一卷,北京:人民出版社,1991年,第283页。

三、《史记·陈涉世家》的若干问题辨析

《陈涉世家》是《史记》里的名篇。由于载有我国第一次大规模农民起义的史实,因而它引起了广泛的注意,历来的研究者和注家甚多,可是,其中仍有一些问题需作进一步的研究。现在,我对几个广为流行的看法提出一些看法,以求教于专家。

(一)"失期法皆斩"当作何解?

因为误了规定的期限而被斩首的事,在《史记》里颇不乏例。例如齐景公时,司马穰苴就以"期而后

三、《史记·陈涉世家》的若干问题辨析

至"的罪名,"斩庄贾以徇三军"。[1] 又如彭越起义时也将误了约会期限的最后一人斩首[2]。

《史记·陈涉世家》:"会天大雨,道不通,度已失期。失期,法皆斩。"[3] 这里提到的"失期法皆斩",是否和上述司马穰苴、彭越事一样,将误期者斩首呢?

我以为不一样。第一,彭越并不是根据什么法律而杀了误期者,而是依据他和众人的约会。《陈涉世家》则明确提到了"失期法皆斩",表明了"斩"是以"法"为据的。第二,司马穰苴统率的是齐的精锐部队,而去戍守渔阳的九百人,连普通的武器都没有,起义时只能"斩木为兵,揭竿为旗",使用"鉏櫌棘矜"[4],可见不能算是正规的秦军。司马穰苴依据的是"军法",而《陈涉世家》提到的"法"则不可能是军法,因为这九百人只是普通民众和罪犯,对他们施用的当是秦的

---

[1] 《史记·司马穰苴列传》,见司马迁《史记》卷六十四,北京:中华书局,1959年,第3148—3149页。

[2] 《史记·彭越列传》,见司马迁《史记》卷九十,北京:中华书局,1959年,第2591页。

[3] 《史记·陈涉世家》,见司马迁《史记》卷四十八,北京:中华书局,1959年,第1950页。

[4] 《过秦论上》,见〔汉〕贾谊撰,阎振益、钟夏校注《新书校注》卷一,北京:中华书局,2000年,第2—3页。

一般法律。从以上两点可以看到,把《史记·陈涉世家》的"失期法皆斩"视为司马穰苴、彭越事的同例,解释为误了期限按照法律都要被杀头,这是方枘圆凿、格格不入的。那么,"失期法皆斩"应当作何解释呢?

我认为这句话是误了期限要按照法律处以刑罚的意思,并不是统统杀头。试从以下几个方面证明之。

第一,既然"失期法皆斩"是按照法律加以处理,那么,弄清楚秦代法律中关于"失期"的规定就是释解本句的一个关键。恰巧《云梦秦简》在这方面为我们提供了十分宝贵的材料[1]。

《云梦秦简》的"法律答问"里提到:

> 不会,治(笞);未盈卒岁得,以将阳有(又)行治(笞)。今士五(伍)甲不会,治(笞)五十;未卒岁而得,治(笞)当驾(加)不当?当。[2]

---

[1] 1975年出土的《云梦秦简》的"编年记"里载有秦始皇三十年事,足证这批秦简是秦始皇时期的文件,其中的法律条文基本上是秦代行用的法律。这批秦简是研究秦史的宝贵材料。
[2] 《云梦秦简释文》(三),《文物》1976年第8期,第32页。

三、《史记·陈涉世家》的若干问题辨析

这里的"不会"指的是没有按照规定去应征服徭役。提到"士五(伍)甲不会",可见这是对"士伍"这样的普通民众的规定。其刑罚是"治(笞)五十",即后代的打五十大板。这是很重的处罚,因为那时不是打屁股,而是打脊背,常可致人死命。尽管如此,对"不会"的处罚并非斩首,却还是显而易见的。

在"治狱程式"里有"亡自出"一项,提到某一"士伍"身份的人"逋筑宫廿日"[1]。"逋"是"逋事"的简称。何谓"逋事"?这在"法律答问"中有明确的说明:

> 可(何)谓逋事及乏繇(徭)?律所谓者,当繇(徭),吏、典已令之,即亡弗会,为逋事;已阅及敦车食若行到繇(徭)所乃亡,皆为乏繇(徭)。[2]

官府已经通知某人服徭役而逃避者,称为"逋事"。"逋筑宫廿日"就是逃避二十天筑宫的徭役。这位"士伍"敢于"自诣",即自首投案,也足证对"逋事"的

---
[1]《云梦秦简释文》(三),《文物》1976年第8期,第34页。
[2]《云梦秦简释文》(三),《文物》1976年第8期,第32页。

处罚还不是死刑。

在"法律答问"里,关于"不会"和"逋事""乏繇(徭)"的规定是有紧密联系的。从内容分析看,"不会"当是"逋事""乏繇(徭)"二者的综合。这说明了,不管以何种形式逃避徭役,按照法律规定都是施以笞刑,而不是死刑。

那么,对于"失期"即误了规定期限者,秦律有何规定呢?《云梦秦简》的"徭律"是这样规定的:

> 御中发征,乏弗行,赀二甲;失期三日到五日,谇;六日到旬,赀一盾;过旬,赀一甲。其得殹(也)及诣,水雨,除兴。[1]

对于"失期"者要根据误期的天数分别给予"谇"(责骂)、罚一盾、罚一甲等处罚,并且特别指出到服役地点后,遇到下雨不能干活时,要将这些天数从服役天数中除去。这里提到的"失期"同《陈涉世家》里的"失期"当是一致的。我们可以肯定,按照秦

---

[1]《云梦秦简释文》(二),《文物》1976年第7期,第5页。

的法律,"失期"者要处以刑罚,但这刑罚并不是杀头。对于官府的征发,"不会""逋事""乏徭"等逃避的情况,都属于明知故犯,从情节上看,比因为下雨道路不通而误了期限者要严重得多,这些尚且不处以死刑,那么,怎么能够认为因为"失期"就要被杀头呢?又怎么能把"失期法皆斩"解释为按照法律将失期者统统斩首呢?

第二,从"斩"字来分析,固然多为斩首的省略之称,但也不是绝对如此,在使用上,有时也和"刑"相通。"失期法皆斩"里的"斩"就是通"刑"的用法。

在古代文献里,"斩"为杀头之例,俯拾皆是,无需举例而明之。可是,作为一种刑罚,"斩"并不局限于杀头。"斩"的本义是砍、断、尽的意思。关于"斩"的刑罚,除了"斩首"之外,还有不少名目,《汉书·刑法志》就载有"斩右止""斩左止""斩左右止"等刑罚名称。颜师古注:"止,足也。"[1] 可见,"斩止"为砍足之意。这在《云梦秦简》里也有类似规定,可资印证。"法律答问":"五人盗,赃一钱以上,斩左止","以

---

[1]《汉书·刑法志》,见班固《汉书》卷二十三,北京:中华书局,1962年,第1099页。

故皋（罪）论，斩左止为城旦"[1]。需要注意的是，秦时的死刑往往称为弃市、磔、戮、车裂，而不称为斩首。在秦简里，"斩首"为砍下的头颅之意，如"隶臣斩首为公士"，"缚诣男子丁、斩首一具"[2]等都是如此用法。

既然"斩"意为砍、断、尽，并且有"斩左止"等刑罚，所以在使用中，有时就把"斩"作为"刑"的代用字，《云梦秦简》里就有一个极为明确的例证。"治狱程式"载有：

> 某里士五（伍）甲，缚诣男子丙，告曰：丙，甲臣，桥（骄）悍，不田作，不听甲令。谒买（卖）公，斩以为城旦，受贾（价）钱。[3]

这里的"士伍"是要把自己的奴隶——臣，送到官府处以刑罚，变为罪徒"城旦"，而不是把他杀死。这里的"斩"可肯定为"刑"的意思。可以断定，"斩以为城旦"就是"刑以为城旦"。秦简里"刑为城旦"

---

[1]《云梦秦简释文》(三)，《文物》1976年第8期，第27、31页。
[2]《云梦秦简释文》(三)，《文物》1976年第8期，第35页。
[3]《云梦秦简释文》(三)，《文物》1976年第8期，第35页。

的记载颇多,如"求盗盗,当刑为城旦","夫、妻、子五人共盗,皆当刑城旦"[1],等等。这些记载可以和"斩以为城旦"相印证,说明"斩""刑"二者相通。

不仅秦简可以证明这一点,而且历史文献里也有例证。《史记·酷吏列传》:"使(尹齐)督盗贼,所斩伐不避贵戚。"[2]

《史记·淮南衡山列传》:"(袁)盎曰:独斩丞相、御史以谢天下乃可。上即令丞相、御史逮考诸县。"[3]

《史记·孝武本纪》:"黄帝且战且学僊。患百姓非其道,乃断斩非鬼神者。"[4]

这几个例子里,只有以"斩"通"刑"释之,才能文从字顺,否则便语意模糊,不可理解。无奈,后代的人往往不察究"斩"的这种特殊用法,而径以"斩首"之义来作解释。例如,《索隐》在《封禅书》"断斩"下

---

[1] 《云梦秦简释文》(三),《文物》1976年第8期,第27、31页。
[2] 《史记·酷吏列传》,见司马迁《史记》卷一百二十二,北京:中华书局,1959年,第3148—3149页。
[3] 《史记·淮南衡山列传》,见司马迁《史记》卷一百一十八,北京:中华书局,1959年,第3080页。
[4] 《史记·孝武本纪》,见司马迁《史记》卷十二,北京:中华书局,1959年,第468页。

注云："谓有非毁鬼神之人，乃断理而诛斩之"，就是把"斩"作诛杀讲，因而违失了原意。

第三，从陈涉起义的史实分析，亦可看出其端倪。

所谓"皆斩"当包括了赴渔阳的九百人。如果这里的"斩"为杀头之意，那么，在情理上是讲不通的。秦时徭役繁多，由于民众采取各种方式逃避徭役，所以，征发是相当困难的。因此，对已经征发而集中了的人，官府便严加防范，避免逃跑。《商君书·画策》讲戍卒征发时，"行间无所逃，迁徙无所入。行间之治，连以五，辨之以章，束之以令"[1]，管理是很严密的。秦律中还有"乏徭"一项以惩治逃跑的人。因为遇雨、道路不通而误了期限，便将九百人统统杀头，就秦王朝统治者的自身利益看是没有好处的。前举司马穰苴、彭越事，都是只杀一人，颇有杀一儆百之意，纵然秦法残暴，但也不至于将由于正当原因而误期的九百人统统杀死。秦始皇坑儒时，杀四百六十人，为史籍所明载，可是至今还尚未从文献里、从考古资料里见有杀数百名误期戍卒的记载。

---

[1]《商君书·画策》，见石磊译注《商君书》，北京：中华书局，2009年，第150页。

三、《史记·陈涉世家》的若干问题辨析

再从《陈涉世家》看,当戍卒误了期限的时候,陈胜、吴广乃谋曰:"今亡亦死,举大计亦死,等死,死国可乎?"[1]他们分析的两条死路是逃亡被捉回和造反而失败,并没有说"失期"要被杀头。当然,在恶劣的条件下,戍守者的死亡率是很高的,"秦之戍卒不能其水土,戍者死于边,输者偾于道,……有万死之害,而无铢两之报,死事之后不得一算之复"[2],陈胜也说过:"戍死者固十六七。"[3]所以,"秦民见行,如往弃市"[4],视戍边为危途。但是,戍守者的死亡率高和"失期"要统统杀头,毕竟是两回事。或者也可以说,正因为戍守者的死亡率高,需要大量补充人员,所以才不可能将误期的人都杀死吧。

总之,"失期法皆斩"里的"斩"作"刑"讲,这是它的一种特殊用法,在这句话里,只有如是解,才符

---

[1] 《史记·陈涉世家》,见司马迁《史记》卷四十八,北京:中华书局,1959年,第1950页。

[2] 《汉书·晁错传》,见班固《汉书》卷四十九,北京:中华书局,1962年,第2284页。

[3] 《史记·陈涉世家》,见司马迁《史记》卷四十八,北京:中华书局,1959年,第1952页。

[4] 《汉书·晁错传》,见班固《汉书》卷四十九,北京:中华书局,1962年,第2284页。

合秦代关于"失期"的法律规定，符合陈涉起义的具体史实。当然，也可以有其他的解释，即把这句话，作为陈涉动员起义时的激愤之辞，说我们大家没有活路，只能揭竿而起。这种激愤言辞应当是不必核对法律条文的。在群情激愤的情况下，说了就是说了，有谁还会去搬出简牍所记的文字来反对陈涉之语呢？

（二）陈涉的社会身份问题

关于陈涉的出身，是一个值得辨析的问题。这个问题的核心是，陈涉是否为"雇农"。

《陈涉世家》："陈涉少时，尝与人佣耕。"很多论者都解释说，"佣耕"即雇农，所以，我国历史上第一次大规模农民起义领袖陈涉出身于雇农。我认为这种解释是不正确的。这里的关键在于这种解释混淆了"佣"与"庸"的区别，并且误以后代的雇工性质的剥削来理解秦代的力役性质的剥削。

"庸"为役力受值之意，这在战国秦汉时代的文献里屡见不鲜。如《韩非子·外储说左上》："夫卖庸而播耕者,主人费家而美食。"[1]《商君书·垦令》:"无得取庸,……庸民无所于食,是必农。"[2]《史记·绛侯周勃世家》:"取庸苦之,不予钱。"[3] 显然,这种役力受值的"雇"者有着比较自由的身份,可是"佣耕"之人则与此不同。"佣",《说文》:"均直也,从人,庸声。"而"庸",《说文》则解为"用也,从用,从庚"。由此可知,"佣""庸"二者是有明显区别的。就其意义来看,"庸"与"用"相通,《尚书·皋陶谟》:"天讨有罪,五刑五用哉。"[4]《后汉书·梁统传》引此语即将"用"作"庸"[5]。到了战国时代"庸"的这种意义就被引申为役力受值之意而大量使用,同时出现了表示力役的"佣"。《说文》释"佣"为"均直"之意,那么,"均直"又是

---

[1]《韩非子·外储说左上》,见陈奇猷《韩非子新校注》,上海:上海古籍出版社,2017年,第683页。

[2]《商君书·垦令》,见石磊译注《商君书》,北京:中华书局,2009年,第15页。

[3]《史记·绛侯周勃世家》,见司马迁《史记》卷五十七,北京:中华书局,1959年,第2079页。

[4]《尚书·皋陶谟》,见阮元校刻《十三经注疏·尚书正义》卷四,台北:艺文印书馆,2001年,第62页。

[5]《后汉书·梁统传》,见范晔《后汉书》卷三十四,北京:中华书局,1965年,第1168页。

什么意思呢？"直"通"值"，"均"则为"赋"之意。《广雅·释言》："平均，赋也。"王念孙《广雅疏证》卷五引《方言》："凡相赋敛，谓之平均"，解释说，"是平、均皆赋也"。[1]所以，"均直"即赋敛之意。贫民交纳不起赋税者便以劳役代替之，所以《广雅·释诂》说："均，役也。"《云梦秦简》"司空律"规定："有责（债）于公"的人，假如"其弗能入及赏（偿），以令日居之"[2]，这种以劳役抵偿官府债务的情况当时是"佣"的具体形式之一。"秦简"里多次提到的由官府管理的"居赀赎责（债）"的人，其人身是不自由的，就是农忙时也不准随便离去，官府规定"居赀赎责（债）者归田农，种时、治苗时各二旬"。由此可见，这种人和役力受值的"庸"者是大相径庭的。

为"佣"之人不仅给官府劳作时没有人身自由，就是给富贵者劳作，也是如此。《史记·栾布列传》说栾布"穷困，赁佣于齐，为酒人保"[3]，《集解》注引《汉

---

[1] 《广雅疏证·释言》，见王念孙著，钟宇讯点校《广雅疏证》卷五上，北京：中华书局，1983年，第141页。

[2] 本文所引秦简资料均见《文物》1976年第7期、第8期。

[3] 《史记·栾布列传》，见司马迁《史记》卷一百，北京：中华书局，1959年，第2733页。

书音义》:"酒家作保佣也,可保信,故谓之保。"[1]后来,栾布"为人所略卖,为奴于燕",足证为人"赁佣"的栾布的身份是低下的、不自由的。

虽然作为劳役的"佣"和役力受值的"庸"是有区别的,可是由于古代文献经过了长期的抄写和翻刻,因此,二者往往相混用。如《史记·刺客列传》:"高渐离变名姓为人庸保,匿作于宋子。久之,作苦。"[2]高渐离和栾布情况相同,当为"佣",可是却省写为"庸"了。中华书局点校本《史记·陈涉世家》除一处用"佣"外,其他的都以"庸"代之。当然,后代的人在解释上发生错误也并不完全是由于"佣""庸"二者的混用。另一个重要的原因是以雇工的剥削形式来解释秦代的劳役剥削形式。唐代的司马贞就曾在《史记索隐》里说"佣"是"役力而受雇直也"[3],显然是以唐代的雇工来解释秦代的劳役性质的"佣耕"了。

---

[1]《史记·栾布列传》,见司马迁《史记》卷一百,北京:中华书局,1959年,第2733页。

[2]《史记·刺客列传》,见司马迁《史记》卷八十六,北京:中华书局,1959年,第2536—2537页。

[3] 司马贞:《史记索隐》,见司马迁《史记》卷四十八,北京:中华书局,1959年,第1949页。

我们除了根据"佣""庸"有别这一点来分析陈胜并非雇农之外,还可以举出贾谊《过秦论》里的一段话来作进一步分析。贾谊说:

> 陈涉,瓮牖绳枢之子,氓隶之人,而迁徙之徒也……蹑足行伍之间,而俯起阡陌之中。[1]

他不仅指出陈涉在"阡陌之中"农作劳动,贫困到"瓮牖绳枢"的地步,而且说陈涉是"氓隶之人"。《周礼·地官·遂人》:"凡治野,以下剂致甿,以田里安甿,以乐昏扰甿,以土宜教甿稼穑。"[2] 可见,"甿"即农村居民,《集解》引徐广曰:"田民曰甿",正是此意。"甿"通"氓"。《战国策·秦策一》:"不忧民氓",高诱注曰:"野民曰'氓'。"[3] 应当注意的是,这种农民往往是从官府那里"受"田而耕的。《孟子·滕文公上》:"许行自

---

[1] 《过秦论上》,见〔汉〕贾谊撰,阎振益、钟夏校注《新书校注》卷一,北京:中华书局,2000 年,第 2 页。

[2] 《周礼·地官·遂人》,见阮元校刻《十三经注疏·周礼注疏》,台北:艺文印书馆,2001 年,第 232—233 页。

[3] 《战国策·秦策一》,见刘向集录,范祥雍笺证,范邦瑾协校《战国策笺证》,上海:上海古籍出版社,2017 年,第 174、189 页。

三、《史记·陈涉世家》的若干问题辨析

楚之滕,踵门而告文公曰:远方之人闻君行仁政,愿受一廛而为氓。"[1]所谓"氓"就是当时领取官府"授田"的农民。贾谊说陈涉是"氓隶之人",以"隶"连称之,说明这类农民还没有完全自由的身份。"氓隶之人"就是受人奴役的普通农民。陈涉是"佣耕",又是"氓隶",那么,"佣耕"与"氓隶"同义当是没有疑问的。

从文献里我们分析陈胜的阶级出身情况,可以看出以下几个方面的特征:一、《史记·平津侯主父列传》说陈涉"无千乘之尊、尺土之地"[2],可见他没有个人的私有土地;二、《史记·儒林列传》说"陈涉起匹夫"[3],《陈涉世家》写陈涉"与人佣耕"时充满了"怅恨"情绪,这些说明了他的社会地位是低下的,而且要被人奴役;三、《陈涉世家》说陈涉被征发去戍边,说明他有服徭役的沉重负担。《汉书·食货志》载董仲舒讲

---

[1] 《孟子·滕文公》,见阮元校刻《十三经注疏·孟子注疏》卷五下,台北:艺文印书馆,2001年,第97页。

[2] 《史记·平津侯主父列传》,见司马迁《史记》卷一百一十二,北京:中华书局,1959年,第2956页。

[3] 《史记·儒林列传》,见司马迁《史记》卷一百二十一,北京:中华书局,1959年,第3116页。

秦的徭役情况说："已复为正，一岁屯戍，一岁力役。"[1]
陈胜当是已经"傅籍"的农民了。古代贫民"上无通名，下无田宅"[2]，那么上有"通名"，即在官府册籍登记者，在"授田"制度之下，就当有田宅，可以推断，陈涉有土地供自己使用，但又不是私有土地。

符合以上这些特征的，只能是秦代的"授田"制度下的农民。《云梦秦简》为秦的"授田"制提供了确凿证据。"田律"规定：

> 入顷刍、稾，以其受（授）田之数，无垦（垦）不垦（垦），顷入刍三石、稾二石。[3]

简文的大意是说，不论田地是否开垦，都要按照所受田地的数量交纳刍、稾。每顷地要交纳三石重的刍和二石重的稾（藁）。刍是喂牲畜的草料，稾是农作物的秸秆，可以用来盖房及烧火。古代"受""授"相

---

[1] 《汉书·食货志》，见班固《汉书》卷二十四上，北京：中华书局，1962年，第1137页。
[2] 《商君书·徕民》，见石磊译注《商君书》，北京：中华书局，2009年，第127页。
[3] 《云梦秦简释文》（二），《文物》1976年第7期，第1页。

三、《史记·陈涉世家》的若干问题辨析

通,在农民为"受田"者,则在官府为"授田"。这条材料证明秦是实行了"授田"制度的。在这种制度下,农民所种之田为官府所授,没有农民的个人私有权。这种社会地位低下的农民要受官府的种种奴役,交纳不起赋税者要"居赀赎责(债)",除此之外,还应当指出的是受田农民还时常被有爵位的人奴役。见之于文献的"佣耕""甿隶""庶子""隶家"等都是这种农民的不同称呼。关于受田农民被有爵位者奴役的情况,《商君书·境内》曾有说明:

> 能得甲首一者,赏爵一级,益田一顷,益宅九亩,除庶子一人。
>
> 其有爵者乞无爵者以为庶子,级乞一人。其无役事也,其庶子役其大夫月六日,其役事也,随而养之军。[1]

在暂时没有官府徭役的时候,受田农民每月要给有爵位的人服役六天。这里说的"役其大夫月六日"

---

[1] 《商君书·境内》,见石磊译注《商君书》,北京:中华书局,2009年,第161、165页。

和陈涉的"与人佣耕"是可以互为表里的。《云梦秦简》"军爵律"规定:"从军当以劳论及赐"[1],《境内》的上述规定就是赏赐军功的具体内容。《荀子·议兵》也提到秦军士斩敌"五甲首而隶五家"[2],赏赐给有爵位者的供其奴役的受田农民的具体数量和《境内》的规定是相吻合的。

总之,"佣耕"就是秦代社会地位低下的普通的受田农民,他们不仅受官府的剥削和奴役,而且还时常被有爵位的人所奴役。他们和能够自由出卖劳动力的雇农是很不相同的。陈胜"与人佣耕"是他作为普通的受田农民无偿地为有爵位的人服劳役,并不是去出卖劳力以换取钱财。同伴们曾经笑话陈胜:"若为庸耕,何富贵也?"[3]的确,处于社会底层的"佣耕"和"富贵"是有天渊之别的,可是,陈胜却不甘于忍受奴役和压迫,终于率领民众掀起了席卷大地的农民战争的风暴。这表现了秦代授田制下的农民具有着何等强烈的革命精神!

---

[1]《云梦秦简释文》(二),《文物》1976年第7期,第7页。
[2]《荀子·议兵》,见王先谦撰,沈啸寰、王星贤点校《荀子集解》,北京:中华书局,2017年,第323页。
[3]《史记·陈涉世家》,见司马迁《史记》卷四十八,北京:中华书局,1959年,第1949页。

四、司马迁与《陈涉世家》

我国古代伟大的史学家和文学家司马迁用他如椽的大笔写成的《史记》里,有一篇著名的《陈涉世家》。司马迁写《陈涉世家》这件事,在历史上遭到过不少责难。汉朝的班彪就曾经批评司马迁写《陈涉世家》是"细意委曲,条例不经"[1]。唐代的刘知幾也曾悻悻然地质问:

> 世家之为义也,岂不以开国承家,世代相续?至如陈涉起自群盗,称王六月而死,子孙不嗣,社稷靡闻,无世可传,无家可宅,而以世家为称,

---

[1] 《后汉书·班彪传》,见范晔《后汉书》卷四十上,北京:中华书局,1965年,第1327页。

岂当然乎？[1]

他认为司马迁写《陈涉世家》是"名实无准""升降失序"。显而易见，这些从封建正统观点出发所作的指责都是不正确的。许多研究者指出：司马迁写《陈涉世家》表现了他如实记载历史的"实录"精神，是《史记》里的民主性的精华，应当予以肯定。司马迁能够写陈涉的发难之功，叙述这次起义的经过，确是慧眼独具，那些肆意诬蔑农民起义的封建史家是望尘莫及的。可是，有些研究者却把司马迁写《陈涉世家》这件事作了过高的评价，违背了实事求是的原则。我觉得是不够恰当的。

有的研究者认为，司马迁把统治者所骂的盗贼俨然当成圣王，是替地主阶级的"叛逆"陈涉写世家，是对被统治者斥骂的"大逆无道"的农民起义的同情。我看问题并不这么简单，因为西汉王朝的建立与陈涉起义有着特殊的历史关联。当然，历代封建统治者总是视农民起义为大逆无道的叛逆、盗贼，而深恶痛绝

---

[1] 《史通·世家》，见刘知幾撰，黄寿成校点《史通》卷二，沈阳：辽宁教育出版社，1997年，第11页。

四、司马迁与《陈涉世家》

之。可是,汉朝的统治者对陈涉起义是否作如是观呢?是不是把陈涉也视为"叛逆""盗贼"呢?这需要进行具体的分析。

我们知道,汉王朝的创立者刘邦是凭借秦末农民大起义的风暴而登上皇帝宝座的。在他看来,陈涉起义不仅与他当皇帝不相抵牾,而且是开路先行。陈涉首先揭橥出"张楚"的旗号,另一位农民起义领袖项羽后来则称为"西楚霸王",刘邦正是被以楚为号的农民军所建立的政权封为汉王的。《汉书·高帝纪》载有公元前195年刘邦的诏令,其中说:

> 秦皇帝、楚隐王、魏安釐王、齐愍王、赵悼襄王皆绝亡后。其与秦始皇帝守冢二十家,楚、魏、齐各十家。[1]

《史记·陈涉世家》说:"高祖时为陈涉置守冢

---

[1]《汉书·高帝纪》,见班固《汉书》卷一,北京:中华书局,1962年,第76页。

三十家砀，至今血食。"[1]关于为陈涉所置守冢户的数目，《史记》所载与《汉书》略有不同。刘邦称陈涉为"楚隐王"，并设守冢户，这说明他并没有视陈涉为"叛逆"或"盗贼"。太史公说"至今血食"，足证直到司马迁写《史记》的时候还有为"楚隐王"守冢的民户，并且时有祭祀。《汉书·陈胜传》说对陈涉的祭祀"王莽败，乃绝"[2]，可见，西汉一代对"楚隐王"的尊崇和祭祀并不曾间断。

为了说明这个问题，我们再看看司马迁所处的汉武帝时代的封建统治者对陈涉起义的态度吧。元光元年（公元前134年），主父偃的上疏里就指出天下畔秦是必然的。同一个时间，徐乐的上疏里说：

> 陈涉无千乘之尊，尺土之地，身非王公大人名族之后，无乡曲之誉，非有孔、墨、曾子之贤，陶朱、猗顿之富也；然起穷巷，奋棘矜，偏袒大

---

[1] 《史记·陈涉世家》，见司马迁《史记》卷四十八，北京：中华书局，1959年，第1961页。
[2] 《汉书·陈胜传》，见班固《汉书》卷三十一，北京：中华书局，1962年，第1795页。

四、司马迁与《陈涉世家》

呼而天下从风,此其何故也?由民困而主不恤,下怨而上不知,俗已乱而政不脩,此三者,陈涉之所以为资也。[1]

严安也说到陈涉起义是"时教使然也"[2]。他们都没有指斥陈涉,而是通过陈涉崛起来说明秦朝覆亡的原因,指出陈涉起义是形势发展的必然结果。他们的观点颇受汉武帝的赞赏。主父偃早晨上疏,晚上就被召见。汉武帝曾对他们三个人说:"公等皆安在?何相见之晚也?"[3] 由此可见,汉武帝也没有视陈涉起义为大逆无道。毫无疑问,汉代的封建统治者是仇视农民起义的,但是对有利于他们攫取政权的陈涉起义并不如此。司马迁的《陈涉世家》并不是在写汉王朝的叛逆和盗贼,而是在写汉王朝的统治者所青睐的功臣。要是司马迁不把陈涉列入世家,不仅我们今天的一些研

---

[1] 郭预衡:《中国散文史》上,上海:上海古籍出版社,2011年,第370页。
[2] 严安:《言世务书》,见曾国藩《经史百家杂钞》,长沙:岳麓书社,2015年,第440页。
[3] 《史记·平津侯主父列传》,见司马迁《史记》卷一百一十二,北京:中华书局,1959年,第2960页。

究者会视为憾事，就是当时的汉家王朝也会不满意哩。

也有人认为，司马迁写《陈涉世家》是以极大的热情歌颂了人民对暴力统治的反抗，是揭竿而起的农民军的一支颂歌。果真如此吗？如果真是这样，那么，人们不禁要问：这位汉王朝的太史公究竟抱着什么动机写《陈涉世家》的呢？司马迁是在鼓励农民群众反抗当权者的暴力统治吗？司马迁究竟是如何对待农民起义和农民的反抗斗争呢？关于这些，研究者可以作各种猜测和分析，但重要的是不要忽略了司马迁的自我表白，不要把后人的观点硬挂在司马迁名下。

司马迁固然没有把陈涉当作盗贼，但是也没有把陈涉当作农民起义的领袖。他说：

> 二十八宿环北辰，三十辐共一毂，运行无穷，辅拂股肱之臣配焉，忠信行道，以奉主上，作三十世家。[1]

司马迁正是把陈涉当作汉王朝的"辅拂股肱之臣"

---

[1] 《史记·太史公自序》，见司马迁《史记》卷一百三十，北京：中华书局，1959年，第3319页。

四、司马迁与《陈涉世家》

来写的。要考察司马迁对农民起义和农民的反抗斗争的态度,只要看看他对汉武帝时许多农民起义是怎样的深恶痛绝,就清楚了。这位太史公曾经惊呼汉武帝时"盗贼滋起""盗贼寖多""大群至数千人,擅自号,攻城邑,取库兵,释死罪,缚辱郡太守、都尉,杀二千石,为檄告县趣具食;小群以百数,掠卤乡里者,不可胜数也"。[1] 太史公称赞那些残酷镇压民众的酷吏"方略教导,禁奸止邪,一切亦皆彬彬质有其文武焉。虽惨酷,斯称其位矣"[2]。他主张,"民倍本多巧,奸轨弄法,善人不能化,唯一切严削为能齐之"[3]。应当说太史公的态度是十分明朗的,他主张对民众的反抗斗争"一切严削"、"惨酷"镇压,这与"热情歌颂"民众反抗云云可谓是风马牛不相及了。

明清之际的大学问家顾炎武说:

---

[1]《史记·酷吏列传》,见司马迁《史记》卷一百二十二,北京:中华书局,1959年,第3151页。

[2]《史记·酷吏列传》,见司马迁《史记》卷一百二十二,北京:中华书局,1959年,第3154页。

[3]《史记·太史公自序》,见司马迁《史记》卷一百三十,北京:中华书局,1959年,第3318页。

> 古人作史有不待论断而于序事之中即见其指者，惟太史公能之。[1]

司马迁通过叙述陈涉起义，一方面肯定了陈涉的发难之功，认为推翻秦王朝是"由涉首事也"[2]；另一方面，司马迁寓殷鉴于《陈涉世家》之中，实际上是给汉王朝奉献的治安策。司马迁说"通古今之变"[3]，"原始察终，见盛观衰"，"有国者不可以不知《春秋》，前有谗而弗见，后有贼而不知"[4]，正表明了这种态度。司马迁取贾谊"《过秦》中、下篇为《秦始皇本纪》赞，上篇为《陈涉世家》赞"[5]，可见他对《过秦论》是极为推崇的。贾谊说："陈涉，瓮牖绳枢之子，氓隶之人，而迁徙之徒也。才能不及中人，非有仲尼、墨翟之贤，

---

[1] 顾炎武：《日知录集释》卷二十六，上海：上海古籍出版社，2014年，第562页。
[2] 《史记·陈涉世家》，见司马迁《史记》卷四十八，北京：中华书局，1959年，第1961页。
[3] 《汉书·司马迁传》，见班固《汉书》卷六十二，北京：中华书局，1962年，第2735页。
[4] 《史记·太史公自序》，见司马迁《史记》卷一百三十，北京：中华书局，1959年，第3298页。
[5] 王鸣盛：《十七史商榷》卷二，南京：凤凰出版社，2008年，第9页。

四、司马迁与《陈涉世家》

陶朱、猗顿之富，蹑足行伍之间，而俯起阡陌之中，率疲弊之卒，将数百之众，转而攻秦。"[1] 在贾谊看来，就是这样一个社会地位低下者率领民众掀起了巨大的风暴，"一夫作难而七庙隳"，不可一世的秦王朝被席卷而去。他说："野谚曰'前事之不忘，后事之师也'。是以君子为国，观之上古，验之当世，参以人事，察盛衰之理，审权势之宜，去就有序，变化有时，故旷日长久而社稷安矣。"[2] 这话说到了司马迁的心坎上，使他拍案叫绝："善哉乎贾生推言之也！"[3] 太史公写《陈涉世家》的主导思想并没有跳出贾谊《过秦论》的窠臼。实际上，关于秦汉兴亡的问题，贾谊从理论上作了阐发，司马迁从史实上加以记述，正是相得益彰。贾谊写《过秦论》是为了汉王朝"社稷安矣"，司马迁写《陈涉世家》与此毫无二致。

有的研究者还认为，《史记·太史公自序》说"桀

---

[1]《过秦论上》，见贾谊撰，阎振益、钟夏校注《新书校注》卷一，北京：中华书局，2000年，第2页。

[2]《过秦论下》，见贾谊撰，阎振益、钟夏校注《新书校注》卷一，北京：中华书局，2000年，第17页。

[3]《史记·秦始皇本纪》，见司马迁《史记》卷六，北京：中华书局，1959年，第276页。

纣失其道而汤、武作，周失其道而《春秋》作。秦失其政，而陈涉发迹"[1]，这表明了司马迁是把陈涉起义与商汤伐桀、武王灭纣、孔子作《春秋》等量齐观的。这种论断实际上腰斩了原文，并不符合太史公的本意。《太史公自序》里的这段话，把"桀纣失其道""周失其道""秦失其政"并列起来，正是太史公为汉王朝敲的警钟，这段话里，和"汤武作""春秋作"并列的并不仅仅是"陈涉发迹"，而是"陈涉发迹，诸侯作难，风起云蒸，卒亡秦族"，而这正是太史公对秦末逐鹿中原的形势的概括。这样的概括在《史记》里多有所见。《秦楚之际月表》序说："初作难，发于陈涉；虐戾灭秦，自项氏；拨乱诛暴，平定海内，卒践帝祚，成于汉家。"[2]《太史公自序》说："秦既暴虐，楚人发难，项氏遂乱，汉乃扶义征伐"，"维我汉继五帝末流，接三代绝业"。[3]在太史公眼里，真正和膺受天命的"汤武"

---

[1]《史记·太史公自序》，见司马迁《史记》卷一百三十，北京：中华书局，1959年，第3310页。

[2]《史记·秦楚之际月表》，见司马迁《史记》卷十六，北京：中华书局，1959年，第759页。

[3]《史记·太史公自序》，见司马迁《史记》卷一百三十，北京：中华书局，1959年，第3303、3319页。

四、司马迁与《陈涉世家》

并列的并不是陈涉,而是"得天统"的汉家王朝。

司马迁的这个观点还融会贯通于《史记》的笔墨里。太史公一赞三叹地用浓墨重彩着意渲染《殷本纪》中的"网开三面"、《周本纪》中的"麾兵灭纣",在《孔子世家》里尊孔子为"至圣",并借用"高山仰止、景行行止"的诗句表达对孔子的敬慕。可是,《陈涉世家》则与此相映成趣,虽说它记载了起义情况,仔细勾描了鱼腹藏书、篝火狐鸣等细节,但是,通观全篇却是枝蔓横生,画出了一个"诸侯作难,风起云蒸"的场面。在他的笔下,陈涉是一个志大才疏的人物,与"汤武"和"至圣"是根本不能同日而语的。《史记·儒林外传》里有一段话露骨地表现了司马迁的本意,他说:

> 陈涉起匹夫,驱瓦合适戍,旬月以王楚,不满半岁竟灭亡,其事至微浅。[1]

这里无须作任何解释,司马迁对陈涉的鄙视就跃然纸上。我们不应当断章取义,抓住只言片语就下判

---

[1]《史记·儒林外传》,见司马迁《史记》卷一百二十一,北京:中华书局,1959年,第3116页。

断,况且从这只言片语中也看不出太史公对他认为"其事至微浅"的陈涉有多少青眼相待呢。

总之,司马迁能够记载陈涉起义的经过,指出其发难之功,对这次起义不作恶意诬蔑和攻击,这些都是应予肯定的,可是这个肯定当建筑在实事求是的科学分析的基础上,应该对特殊的历史情况进行具体的分析,如果不是这样,而只凭主观设想空谈一阵,那是不会有正确结论的。

五、论农民战争的思想武器

农民战争的思想武器问题,是农民战争史研究中争论的焦点之一。论者甚多。本文也试图谈些粗浅意见,借供专家参考。此一问题对于研究农民起义第一王——陈涉的思想观念,应当也具有一定的意义。

(一)如何分析农民阶级的平均主义、平等思想

近年来,不少研究者提出农民战争的思想武器就是农民阶级的平均主义、平等思想,并且将这二者概括为农民的民主主义,断言这些就是与封建的纲纪、理论相对立的农民阶级的独立的思想武器。这个甚为流行的论断是值得商榷的。我认为,农民军的纲领口号表明农民阶级是具有平均主义、平等思想的,但这

并不是什么农民民主主义,更不应当把它们和封建的纲纪、理论对立起来。

平均主义是手工业和小农经济的产物。个体小农经济的大量存在是我国封建时代经济结构的一个显著特点。个体农民是封建国家的租赋徭役的主要负担者,小农经济的发展和崩溃往往是一个封建朝代盛衰的寒暑表。个体小农经济是封建经济的一个组成部分,而不是它的对立物。这个道理正是被许多研究者忽略了的,他们认为农民起义军发展个体小农经济就是对封建经济的否定,这实在是一种错误的认识。为了维护地主阶级的整体的、长远的利益,封建统治者往往是不反对发展个体小农经济的,他们的"让步政策"的主要内容就是安辑流亡、轻徭薄赋、与民休息,以恢复和发展小农经济。被封建国家褒奖的"清官""循吏",其主要政绩便是压抑豪强、制止兼并,维护小农经济。在肯定个体小农经济应当存在和发展这一点上,封建统治者和农民阶级之间是有共同之处的。农民阶级的平均主义与其说是对封建纲纪、理论的否定,毋宁说是对它的一个补充。但是土地兼并、贫富分化是封建经济发展的必然结果。个体农民要长时期地拥有"五亩之宅，百亩之田"，安居乐业，实际上是不可能的。所以，平均主义又只能是农民阶级的一种幻想，它毕竟不是一种先进的思想武器，它并不能冲破封建主义的思想牢笼。

和农民阶级的平均主义不是对封建经济的否定一样，农民阶级的平等思想也不是对封建等级制度的否定。恩格斯在说到平等的观念并不是永恒真理时指出："这一观念的形成，需要一定的历史关系，而这种历史关系本身又以长期的已往的历史为前提。"[1]我们分析平等的要求，应当分析这是哪个阶级在什么样的历史条件下提出的什么样的平等要求。从历代农民战争的大量史料中可以看到农民阶级的各式各样的平等要求，例如，有的要求赋役的平等，有的要求在法律面前的平等，等等，但却从来没有要求过废除封建等级制度的平等要求。就是在近代的太平天国革命中，也看不到这样要求的踪影。许多研究者注意到了太平天国政体中的民主的"新芽"，但往往忽视了太平天国政体中的主要的本质的东西，即封建的等级制度。洪秀

---

[1]《马克思恩格斯选集》第3卷，北京：人民出版社，1972年，第147页。

全曾经说过一些有民主气息的话,可是他强调更多的则是"总要君君、臣臣、父父、子子、夫夫、妇妇"[1]。仍然是把封建等级制度作为自己的政体的核心。

有的研究者引经据典以证明农民阶级提出过否定封建制度的平等要求。这样的引证往往是歪曲了经典著作的原意的。例如,不少论者都引用过列宁在《社会民主党在俄国第一次革命中的土地纲领》里的一段话,说明封建时代的农民阶级的平等思想就是对封建制度的否定。列宁说:"在反对旧专制制度的斗争中,特别是反对旧农奴主大土地占有制的斗争中,平等思想是最革命的思想。农民小资产者的平等思想是正当的和进步的,因为它反映了反对封建农奴制的不平等现象的斗争。"[2]列宁的这段论述能够证明农民阶级提出过否定封建制度的平等要求吗?不能。这段话并不是讲封建时代的农民战争,而是讲近代的资产阶级革命。在同一篇文章里,列宁明确指出,这种反对封

---

[1] 邓之诚、谢兴尧等编:《福音敬录》,《太平天国资料》第2册,《中国近代史资料丛刊续编》(第36辑),台北:文海出版社,1976年,第515页。

[2] 列宁:《社会民主党在1905—1907年俄国第一次革命中的土地纲领》,《列宁全集》第13卷,北京:人民出版社,1955年,第217页。

建农奴制的平等要求,"其实际内容是最彻底地为资本主义扫清道路,……反映了最激进的资产阶级的要求",列宁肯定了"这些最坚决的资产阶级口号在反对农奴制斗争中的历史进步意义"。[1] 显然,这样的平等要求是为资本主义的发展扫清道路的。资产阶级革命时代的农民小资产者能够提出的平等要求,并不意味着封建时代的农民阶级也能提出。

在断定封建时代的农民是民主主义者的问题上,论者也是违背了经典著作原意的。有的研究者引用了毛泽东同志说的"农民是最大的革命民主派"来说明"农民民主体现了历史上农民革命的本质",[2] 这也不符合引文的原意。毛主席在《论联合政府》里讲到"耕者有其田"这种资产阶级民主主义性质的主张时说:"哪些人们是革命民主派呢?除了无产阶级是最彻底的革命民主派之外,农民是最大的革命民主派。"显而易见,这里说的"最大的革命民主派",也是指资产阶级民主

---

[1] 列宁:《社会民主党在1905—1907年俄国第一次革命中的土地纲领》,《列宁全集》第13卷,北京:人民出版社,1955年,第217—218页。

[2] 田昌五:《划清两种界限坚持继续革命——从〈水浒〉谈农民革命问题》,《历史研究》1976年第1期,第73页。

革命时代的农民,而不是封建时代的农民,并且有"除了无产阶级是最彻底的革命民主派之外"这个必不可少的前提。脱离了特定的具体的历史时代,撇开了必不可少的重要前提,仅仅摘取片言只语就来证明封建时代的农民是民主主义者,那是证明不了的。

总之,作为农民战争的思想武器的平均主义、平等思想都是打上了农民阶级烙印的封建思想,并没有超越封建纲纪、理论的范畴,也不能构成所谓农民民主主义。民主主义是近代资产阶级革命这个特定的历史时代里才有的概念,封建时代的农民战争中是不会出现民主主义的。

把农民民主主义作为农民战争思想武器的观点,也是不符合历史实际的。例如,有的研究者说:"赤眉军以'巨人'相称,表现了朴素的农民民主主义本色。"[1] 其实,以"巨人"相称反映的是西汉末年农民起义初期的情况。这时的起义者"常思岁熟得归乡里,众虽万数,宣称巨人、从事、三老、祭酒,不敢略有

---

[1] 林甘泉、宋家钰、胡一雅:《农民革命与投降主义路线》,《历史研究》1975年第6期,第19页。

城邑。转掠求食，日阕而已"[1]。"称巨人"只是反映出当时的民众还没有一个严密的统一的军事组织，还缺乏旗帜鲜明的要求和造反到底的决心，和所谓"农民民主主义本色"云云，实在是扯不到一块儿去的。再如，许多研究者都把南宋初年钟相起义的口号"等贵贱、均贫富"加以极高评价。有的说这是"用农民的平等思想反对封建法权的贵贱等级制度，用农民的平均思想反对贫富不均的社会现状"[2]，有的说这一口号是革命民主主义思想体系的核心。其实，这都是误解了史料的原意。细绎钟相的那段话，可以看出，我们既不应当把"均贫富"和"等贵贱"割裂成两个并列的意思，也不应当把"等贵贱均贫富"和前面所讲的"行法"割裂开来，特别是不应当把这里的"均"理解为平均。因为在这段话里，"均"和"等"实际上都是平等的意思。钟相那段话是很明白的："法分贵贱贫富，非

---

[1] 《汉书·王莽传》，见班固《汉书》卷九十九下，北京：中华书局，1962年，第4170—4171页。

[2] 漆侠：《读李自成——论农民的革命民主主义》，《文史哲》1978年第6期，第59—68页。

善法也,我行法当等贵贱均贫富。"[1]所谓"等贵贱均贫富"是对"行法"的具体解释,意思是不分贵贱贫富,在"法"的面前一律平等。这样理解自然就不会把它当成"革命民主主义"而加以评论了。

某些研究者在分析封建时代的农民阶级的平均主义、平等思想的时候,往往把历史现代化,把古代农民无产阶级化,通过改铸史料来"拔高"农民军纲领口号的思想性、革命性,似乎只有这样,才算肯定了农民战争的伟大作用,不然的话,就是往劳动人民脸上抹黑。这样的做法是欠妥的。我们分析农民阶级的平均主义、平等思想,必须遵循实事求是的原则,既要肯定它们在农民战争中的作用,又要分析其本质和局限。如果离开了实事求是的原则,那将无济于事。

(二)农民战争中的皇权主义问题

在农民战争史的研究中,有的研究者指出农民战争的思想武器是封建的纲纪、理论。这种说法基本上

---

[1] 徐梦莘:《三朝北盟会编》卷137,上海:上海古籍出版社,1987年,第996页。

五、论农民战争的思想武器

是正确的。分析农民军的纲领口号可以看出，它们都没有超出封建的纲纪、理论的范畴。正如马克思和恩格斯在《德意志意识形态》中所说："统治阶级的思想在每一时代都是占统治地位的思想。"[1] 封建时代当然也不例外，占统治地位的只能是封建的纲纪、理论。真正对封建的纲纪、理论发出挑战，提出新的思想和理论，那只是新的生产力和生产关系萌芽和有一定发展以后的事。没有新的社会条件，新的思想是不会从天而降的。那么，所有的封建的纲纪、理论都是农民战争的思想武器吗？不是。农民战争这件事本身就是对封建纲纪、理论的有力冲击。如果说农民阶级坚持了全部的封建纲纪、理论，那就根本不会有任何农民起义、农民战争出现。作为农民战争的思想武器的只是封建纲纪、理论的一部分，即皇权主义。

斯大林指出："在说到拉辛和普加乔夫的时候，决不应该忘记他们都是皇权主义者。他们反对地主，可是拥护'好皇帝'。要知道这就是他们的口号。"[2] 农民

---

[1]《马克思恩格斯选集》第1卷，北京：人民出版社，1995年，第98页。
[2]《和德国作家艾米尔·路德维希的谈话》，《斯大林全集》第13卷，北京：人民出版社，1956年，第100页。

阶级的皇权主义，就是拥护"好皇帝"的思想，实际上是对封建皇权制度的肯定。尽管它属于封建纲纪、理论的范畴，但是它和封建纲纪、理论却又不能等同起来。

毫无疑问，地主阶级是封建皇权的虔诚拥护者，所谓"君权神授""皇恩浩荡""国不可一日无君"之类的说教，几乎成了封建贵族士大夫的口头禅，即使野心勃勃的割据者也从不打出反对皇权的旗号，而是以"清君侧""靖难"等口号相标榜。但是地主阶级巩固封建统治并不只是单靠皇权，而是依靠包括政权、族权、神权、夫权在内的"全部封建宗法的思想和制度"[1]。作为农民阶级拥护"好皇帝"的皇权主义思想，是不能概括全部庞杂的封建纲纪、理论的。如果仅用皇权主义来概括，那就会模糊人们对封建纲纪、理论的反动本质的认识。

农民阶级的皇权主义和地主阶级对于皇权的肯定，在具体表现形式上是有差别的。在一般的情况下，农民阶级盼望有一个能够轻徭薄赋、关心民众疾苦的

---

[1]《湖南农民运动考察报告》，见《毛泽东选集》第1卷，北京：人民出版社，1991年，第31页。

五、论农民战争的思想武器

"好皇帝"。历代具有人民性的文学作品中,痛斥"无道昏君",赞颂"有道明君"成了司空见惯的故事主题。这在一定程度上反映了农民阶级的皇权主义思想。而地主阶级为了维护其整个阶级的长远利益,那就不论是明君或昏君,也不论是白痴或是襁褓中的幼儿,只要是皇帝,都是一概诚惶诚恐地顶礼膜拜,俯伏称臣,即使是极端残暴的"无道昏君",大臣们最多也只是诤谏而已,因为皇权是封建统治的最高权力象征,至于皇帝个人的能力和品格倒是次要的事。所以在农民革命风暴兴起的时候,农民阶级往往以"好皇帝"作为动员民众参加斗争的手段,而地主阶级则拼死维持往往是"坏皇帝"的腐朽统治。

既然农民阶级的皇权主义和地主阶级对于皇权的肯定,二者在表现形式上有不同,那么是否可以像有的研究者说的那样,农民战争是"以皇权主义为形式,以革命民主主义为内容"[1]呢?答案是否定的。因为我们不能设想资产阶级革命时代的民主主义的内容,居然会倒退到封建时代里去隐蔽在农民阶级的皇权主义

---

[1] 漆侠:《读李自成——论农民的革命民主主义》,《文史哲》1978年第6期,第63页。

形式之下。以皇权为标志的封建专制制度，是封建时代唯一可能采用的政权形式。农民或者拥戴别人称帝，或者农民领袖自己称帝，都表明了农民阶级对皇权、专制制度是肯定的。列宁在讲到中国近代的农民阶级时指出："农民由于没有无产阶级当领袖，非常闭塞，消极被动，没有知识，对政治漠不关心。"[1]封建时代的农民的闭塞、消极、不关心政治的情况，比之近代当有过之而无不及。既然在辛亥革命时代还"没有一个能坚决地自觉地为把民主革命进行到底而奋斗的先进阶级"[2]，那么，怎么能够设想封建时代的农民就已经是"革命民主主义者"了呢？又怎么能够设想封建时代的农民阶级的皇权主义掩盖着民主主义的内容呢？

许多研究者举出不少事例说农民战争把斗争矛头指向了皇帝，从而证明农民战争的思想武器不是皇权主义，而是民主主义。我认为这种论断是歪曲了历史事实。

有的研究者举出隋末农民军"得隋官及士族，必

---

[1] 列宁：《中国各党派的斗争》，《历史研究》1978年第2期，第3页。
[2] 列宁：《中国各党派的斗争》，《历史研究》1978年第2期，第3页。

五、论农民战争的思想武器

杀之"这条史料,证明农民军把斗争矛头指向了封建皇帝。[1]其实,这是证明不了的,因为还有不少史料足以说明与此相反的情况。拿窦建德来说,他是农民出身,"每平城破阵,所得资财,并散赏诸将,一无所取。又不噉肉,常食唯有菜蔬、脱粟之饭。其妻曹氏不衣纨绮",保持了农民阶级的艰苦朴素本色。但他的皇权主义思想却很浓厚,他说:"文皇帝时,天下殷盛",对隋文帝颇有好感。隋炀帝被宇文化及杀死后,窦建德说:"吾为隋之百姓数十年矣,隋为吾君二代矣,今化及杀之,大逆无道,此吾仇也。"攻破宇文化及后,他"先谒萧皇后,与语称臣"。[2]另一位著名的农民军领袖杜伏威,在隋炀帝被杀、东都留守越王杨侗在洛阳称帝后,"上表于越王侗"[3],瓦岗军领袖李密"执弑炀帝人于弘达献越王侗",他们以此表示对隋王室的忠诚。如果不顾及这样的大量史料,而只抓住

---

[1] 田昌五:《划清两种界限坚持继续革命——从〈水浒〉谈农民革命问题》,《历史研究》1976年第1期,第74页。

[2] 《旧唐书·窦建德传》,见刘昫等撰《旧唐书》卷五十四,北京:中华书局,1975年,第2238页。

[3] 《旧唐书·杜伏威传》,见刘昫等撰《旧唐书》卷五十六,北京:中华书局,1975年,第2268页。

"得隋官及士族必杀之"一句话就作出判断，那显然是以偏概全而不足为据的。

再如有的研究者抓住黄巢称过"冲天大将军"一事大加发挥，认为既然"冲天"，那就是反对皇权。还有的根据黄巢起义军入长安时说过的"黄王起兵，本为百姓，非如李氏不爱汝曹，汝但安居毋恐"，评论道：这是"把唐朝皇帝明确宣布为人民的敌人，表现了何等鲜明的反皇帝的革命精神！"[1]且不举别的材料，就说这里不直斥唐僖宗李儇，仅仅说"李氏"，反皇帝的精神就已经不那么"鲜明"了。再看看黄巢的一贯思想吧，他曾经"驰檄四方，章奏论列，皆指目朝政之弊"[2]，"诋宦竖柄朝，垢蠹纪纲，指诸臣与中人赂遗交构状"[3]，这是反皇帝还是反宦官、贪官，不是很清楚吗？黄巢曾经"讬越州观察使崔璆奏乞天平军节度，朝议不允。又乞除官"，"又自表乞安南都护、广州节

---

[1] 林甘泉、宋家钰、胡一雅：《农民革命与投降主义路线》，《历史研究》1975年第6期，第17页。
[2] 《旧唐书·黄巢传》，见刘昫等撰《旧唐书》卷二百下，北京：中华书局，1975年，第5392页。
[3] 《新唐书·黄巢传》，见欧阳修、宋祁《新唐书》卷二百二十五下，北京：中华书局，1975年，第6455页。

五、论农民战争的思想武器

度"[1],如果不是对皇帝存有很大的幻想,是决不会有这些举动的。那么,怎么能够抓住片言只语就说黄巢有"鲜明的反皇帝的革命精神"了呢?

又如,《青溪寇轨》载有方腊动员民众起义的一段话,有的研究者就据此说方腊痛斥了"以宋徽宗为首的封建统治者",方腊的号召"对于具有至高无上权威的皇帝及其爪牙,表现出何等强烈的憎恨!"[2] 这些说法是不符合方腊原意的。方腊虽然对于宋王朝的横征暴敛作了义正词严的揭露和抨击,但其批判的对象并不包括皇帝在内。方腊说:"三十年来,元老旧臣,贬死殆尽,当轴者皆龌龊邪佞之徒,但知以声色土木淫蛊上心耳。"[3] 方腊认为皇帝是被那些"龌龊邪佞之徒"迷惑了,不仅皇帝情有可原,就是那些"元老旧臣"也不在方腊斥责的范围之内。方腊起义并没有打出反对皇帝的旗号,而是"以诛朱勔为名",如果硬要说方腊要把宋徽宗"打翻在地",不仅我们今天要说这是穿

---

[1] 《旧唐书·黄巢传》,见刘昫等撰《旧唐书》卷二百下,北京:中华书局,1975年,第5392页。

[2] 林甘泉、宋家钰、胡一雅:《农民革命与投降主义路线》,《历史研究》1975年第6期,第17页。

[3] 陆楫:《古今说海·青溪寇轨》,成都:巴蜀书社,1988年,第630页。

凿附会，恐怕八百多年前的方腊若有知，也要瞠目结舌的。

从以上事例可以看出，在一般的情况下，农民起义和农民战争是不直接把斗争矛头指向皇帝的。尽管农民起义和农民战争本身就意味着对当时封建皇帝权力的否定，但这并不是对皇权制度、皇权思想的否定。农民起义和农民战争的目的是取代旧的封建王朝，建立新的封建王朝。在不同的历史时期，农民战争中的皇权主义有着不同的表现形式。如果我们把唐朝中期作为我国封建社会前后期分水岭的话，那么，在前期，皇权主义多表现为拥戴别人称帝。陈胜、吴广就打出了"公子扶苏"的旗号；绿林、赤眉起义军还千方百计找出刘姓宗室为帝；刘邦最后是自己称了皇帝的，但在楚汉之争时也曾"为义帝发丧，袒而大哭，哀临三日"[1]；直到隋末的窦建德还"追谥隋炀帝为闵帝"[2]，以此作为斗争的手段。而在封建社会后期，皇权主义多

---

[1] 《汉书·高帝纪》，见班固《汉书》卷一上，北京：中华书局，1962年，第34页。
[2] 《旧唐书·窦建德传》，见刘昫等撰《旧唐书》卷五十四，北京：中华书局，1975年，第2239页。

表现为农民领袖自己称王称帝,黄巢、朱元璋、李自成就是典型的例子。

总之,概括说来,政治上的皇权主义,经济上的平均主义——这就是农民战争的主要思想武器。当然,这两个方面是不能囊括战争的全部思想武器的,例如,有些农民战争借助于宗教迷信,有些则利用民族斗争相号召。可是,不管怎样,皇权主义和平均主义总是每次农民战争的主要思想武器,就连那些带有宗教迷信或者是民族斗争色彩的农民战争也不例外。

六、如何评价《天朝田亩制度》

太平天国已是我国古代农民战争的尾声。其所颁行的《天朝田亩制度》具有较大的意义。从这个制度上溯反观陈涉起义,可以看到,在思想武器方面,都是一致的。探讨这个制度对于分析陈涉起义有一定的参考价值。

如何评价洪秀全1853年颁布的《天朝田亩制度》,这是太平天国史研究中的一个重要问题。本文试图就某些流行甚广的论断提出一些不同意见,以求教于专家。

(一)从根本上否定了封建土地所有制吗?

对《天朝田亩制度》作出极高评价的论者总是说

六、如何评价《天朝田亩制度》

它"从根本上否定了封建土地所有制"[1]，是"一个否定地主所有制的伟大革命纲领"[2]。这种说法是值得商榷的。

在《制度》里，除了按照产量高低把田地分为九等之外，关于土地问题的内容并不多。其要点是：计口分田；所分田地要好坏搭配；田地多和丰收的地区要照顾田地少和歉收的地区；分田不论男女；十五岁以下者分十六岁以上者所分田地的一半。需要注意的是，《制度》没有提到农民所分的田地从何而来，没有提到如何对待农村中原有的封建土地关系。我认为，这正是判断《制度》是否具有"彻底反对封建制度的意义"的关键问题。

封建社会经济基础的最主要的内容，就是地主阶级占有大量的土地，而农民则很少或者完全没有土地。毛泽东同志曾经指出，反封建首先就要涉及土地问题[3]，必须"把土地从封建剥削者手里转移到农民手

---

[1] 郭沫若主编：《中国史稿》第4册，北京：人民出版社，1962年，第29页。

[2] 王庆成：《太平天国革命的反封建性质不容否定——驳梁效、罗思鼎对太平天国历史的歪曲》，《历史研究》1977年第6期，第85页。

[3] 《毛泽东选集》第5卷，北京：人民出版社，1991年，第68页。

里"[1]。一个从根本上否定封建土地所有制的纲领，必须是没收封建剥削者的土地以解决农民土地问题的纲领。恰恰是这个带有根本性质的问题，在《制度》里却付之阙如。这决不是偶然的。

是不是《制度》里说的"凡天下田，天下人同耕"就意味着从根本上否定了封建土地所有制呢？不然。所谓"凡天下田，天下人同耕"，在《制度》里指的是"此处不足则迁彼处，彼处不足则迁此处"的分田办法。至于如何"迁"，如何"分"，《制度》并未作说明，是不应牵强附会随意发挥的。

那么，是不是实际上已经实行了没收封建剥削者的土地并分给农民的办法而无需写进《制度》了呢？也不是。太平军从金田起义到定都金陵，除在永安州留驻半年之久以外，基本上是流动作战，所攻下的州县大都弃而不守，戎马倥偬之间，并没有从根本上解决土地问题的可能。就是在永安州这段较长停留时期，洪秀全等人也没有就土地问题作出什么决定，而是忙于封王建制，确定太平军的领导体制。攻占金陵后不

---

[1]《毛泽东选集》第3卷，北京：人民出版社，1991年，第1074页。

六、如何评价《天朝田亩制度》

久,杨秀清等要求在安徽、江西一带实行"照旧交粮纳税"[1]的政策,目的是"充军储而裕国课"[2]。洪秀全完全同意并为太平天国长期施行这项政策,具体办法是:"稽查所设乡官,一军之地共有田亩若干,以种一石终岁交钱一千文、米三石六斗核算,注于册籍。"[3]这种办法并没有触动农村中的旧的土地占有关系,实际上是肯定了封建地主的土地所有权的。

排除了以上几种可能性,问题就明确了:《制度》没有说明农民所分的田地从何而来,这实际上是《制度》没有从根本上否定封建土地所有制的一个反映。从实质上看,《制度》是以历代封建王朝的政治、经济制度为楷模设计出来的一套方案,只是在特定的历史条件之下,加上了某些外来的宗教色彩而已。

《制度》具有浓厚的封建性质。就拿论者所津津乐道的关于土地问题的规定来说,它所设计的计口分田

---

[1] 《贼情汇纂》"伪本章",见中国史学会《太平天国3》卷七,上海:上海人民出版社,1957年,第204页。

[2] 《贼情汇纂》"伪本章",见中国史学会《太平天国3》卷七,上海:上海人民出版社,1957年,第203页。

[3] 《贼情汇纂》"科派",见中国史学会《太平天国3》卷十,上海:上海人民出版社,1957年,第275页。

等项办法都没有超出封建土地制度的范围。从战国时代的"授田"制开始,所谓"占田""均田"之说不绝于史。《制度》所规定的分田标准、受田办法等,从封建时代的"均田"之类的制度里都可以寻见其端倪。拿《制度》和"占田""均田"等封建土地制度相比,尽管某些细节有所不同,但其大旨却很类似。不触动原有的地权关系和对农民计口授田就是关键之处。

《制度》所描绘的无疑是一幅个体小农经济王国的画图。在这个王国里,农民分得一块土地进行耕作,妇女"蚕绩缝衣","每家五母鸡二母彘"。这种个体小农经济并不是像有的论者说的那样,是对封建制度的否定,而是对地主阶级的大土地占有制度的补充,是封建统治的经济基础。把个体小农经济游离于封建经济基础之外的论述,显然是不正确的。

此外,《制度》还设计了一套封建统治的上层建筑。在普通的农民群众之上有从"两司马"到"军师"这样的大小官吏进行统治;在这些官吏之上则有一位身穿龙袍、手拿《圣经》的"天王"。这样的君臣制度里并没有什么近代的民主气息。毛泽东同志指出:把封建地主的私有财产变为农民的私有财产,使农民从封建

六、如何评价《天朝田亩制度》

的土地关系中获得解放,这是"一种资产阶级民主主义性质的主张"[1],而这个主张,在我国的具体的历史条件下只有经过中国共产党领导的新民主主义革命才能实现。太平天国的农民英雄们尽管能够进行一场震烁古今的农民革命战争,然而,他们却没有也不可能超越当时的历史时代而提出一个资产阶级民主主义的革命纲领来。既然如此,怎么能够设想太平天国的《制度》从根本上否定了封建土地所有制呢?

(二)是一种空想社会主义吗?

除了具有浓厚的封建性质的大部分内容之外,《制度》里还有一些内容带有明显的空想性质。有的研究者说这是"一种以小农生产自然经济为基础的空想社会主义"[2],还有的说是"空想的农业社会主义方案"[3]。

---

[1]《论联合政府》,见《毛泽东选集》第3卷,北京:人民出版社,1991年,第975—976页。

[2] 任继愈主编:《中国哲学史简编》,北京:人民出版社,1973年,第480页。

[3] 黄彦:《太平天国有一个"革命哲学思想体系"吗?——兼评哲学史研究中的一种思潮》,《历史研究》1978年第12期,第59页。

我以为这样的分析实在是大谬不然的。

《制度》是以洪秀全为首的太平天国领导集团对于理想社会的具体设计。洪秀全说："勿误认单指天上天国。故太（天）兄预诏云：天国迩来，盖天国来在凡间，今日天父天兄下凡创开天国是也。"[1] 这就否定了基督教关于"天国"在来世的说教，明确宣告"天国来在凡间"。《制度》关于人间"天国"的设计可分为政治、经济两个方面。

政治方面的内容占了整个《制度》的三分之二的篇幅，主要是关于官员升贬、司法制度、宗教生活的繁琐规定。其中值得注意的是以下几点。

第一，"天王"总揽一切权力。如司法权，由天王"降旨主断：或生、或死、或予、或夺，军师遵旨处决"；任用官吏，从"伍长""两司马"这样的基层官吏直到高级官员，都要由"天王降旨，调选天下各军所举"；各级官员的升贬也必须逐级上报，"直启天王主断"。总之，"凡一军一切生死黜陟等事"都要由"天王降旨，军师遵行"。

---

[1] 《钦定前遗诏圣书批解》，见金毓黻等编辑《太平天国史料》，北京：中华书局，1955年，第77页。

第二,官员品阶繁杂。管理二十五家的"两司马"以上的官员有卒长、旅帅、师帅、军帅、监军、钦命总制、将军、侍卫、指挥、检点、丞相、军师等十二级之多。官员采用世袭制,"功勋等臣,世食天禄","由卑升至高,世其官"。官吏的任用靠各级官员的逐级"保举"。

第三,农民的社会地位低下。农民的职责是"有警则首领统之为兵,杀敌捕贼;无事则首领督之为农,耕田奉尚"。那些"恶农""顽农""惰农"要受到处罚,甚至诛杀。各级官员"凡滥保举人,及滥奏贬人者,黜为农",在宗教仪式中"有敢怠慢者,黜为农"。这说明了"世食天禄"的官员高踞于农民群众之上,对比来看,农民只是"耕田奉尚"而已。

宋元以来,封建专制主义不断加强,明清两朝的皇帝权力达到高峰。这种情况对于《制度》是有影响的。我们从《制度》里并不能找到带有民主色彩的创造。就拿提拔官吏的"保举"办法来说,我们可以从两汉时代举"孝廉""茂才"的制度里看到它的影子。这种"保举"制度是不能禁绝那些封建官场朋比为奸、徇私舞弊的陋习的。至于官员的世袭制和农民社会地位的低下更有着显而易见的封建烙印。

《制度》关于经济方面的规定主要是土地制度和产品分配两项。有的论者说它的土地制度带有空想性,这是误解。它的土地制度既没有从根本上否定封建土地所有制,又设计了依附于封建大土地所有制的个体小农经济,这些都没有超出历代王朝的封建土地制度的范围。

在《制度》里,真正具有空想性质的内容是产品分配方面的"国库"(又称"圣库")制度。它规定:"凡当收成时,两司马督伍长,除足其二十五家每人所食可接新谷外,余则归国库,凡麦、豆、苎、麻、布帛、鸡犬各物及银钱,亦然。""凡二十五家中,所有婚娶弥月喜事,俱用国库,但有限式,不得多用一钱,……通天下皆一式。"这种规定是一种平均主义的做法,它取消了商品的交换和流通,不是靠发展社会生产力,而是靠军事行政的管制办法把分配和消费绝对平均起来。在太平军流动作战的时候,某些平均主义的做法,可以行得通,也起过一些积极作用,但在定都之后,这种做法便处处碰壁,不得不逐渐废止,根本原因就在于这种绝对平均主义的做法,违背了社会发展的客

六、如何评价《天朝田亩制度》

观规律。这固然是洪秀全等人对理想社会的憧憬和探索，在客观上也是对残酷的封建剥削的抨击。但是应当看到，这种空想性质的内容毕竟是落后的、根本不能实现的。它与空想社会主义也是不能混为一谈的。《制度》里带有空想性质的绝对平均主义的内容并没有超出封建思想的范畴，它与空想社会主义是大相径庭的。以资产阶级平等论为依据的空想社会主义者经历了产业革命和资产阶级革命的社会革命风暴，他们设计的"理性和永恒正义的王国"是对罪恶的资本主义剥削制度的批判。尽管这个批判是很不彻底的，但是它却具有"突破幻想的外壳而显露出来的天才的思想萌芽和天才思想"[1]。太平天国革命时期，虽然社会上有资本主义的萌芽在发展，但比起当时欧洲的资本主义发展，可说是落后了整整一个历史时代。就当时的整个社会经济结构来说，封建经济无疑地占着统治地位。不用说批判资本主义的空想社会主义没有产生的可能，就连提出某些新鲜见解，主张向西方学习以发展资本主义的所谓"开风气"的先进人物也还是寥若

---

[1]《马克思恩格斯选集》第3卷,北京：人民出版社,1972年,第409页。

晨星的。当时的中国社会既没有产生空想社会主义的社会条件和阶级基础，也没有从西方输入这种思想的痕迹，更没有材料可以说明洪秀全等人接触过什么空想社会主义。如果说《制度》真是一种空想社会主义的话，那么这种思想就只能是从天上掉下来的，或者是太平天国的英雄们的头脑里所固有的。

(三)如何评价《天朝田亩制度》

农民战争的历史表明，农民群众对于土地问题的认识是有一个发展过程的。由不触及土地问题到提出"均贫富"之类的口号，进而提出"均田"，直到《制度》，可说是发展到了旧式农民战争的最高峰。明末农民战争中曾经提出了"均田免赋"的口号，但是"均田"之说还只是一个笼统的提法，并没有具体的设想。清代顺治年间，江西石城、瑞金一带的农民曾经"起田兵"[1]，"立田兵……逼县官印'均田帖'以数万计"[2]。这个"均田"的意思是"三分田主之田，而以一分为佃人耕田

---

[1] 道光《石城县志》卷七"武事"。
[2] 杨兆年：《上督府田贼始末书》，见同治《瑞金县志》卷十六"兵寇"。

六、如何评价《天朝田亩制度》

之本"[1],实际上是争取"永佃"权。比起这一类"均田"口号来,《制度》是一个巨大进步。《制度》强烈地反映了农民群众对土地的渴求。提出"天下大家,处处平均,人人饱暖",对千百万饥寒交迫的群众是一个很大鼓舞。规定分田"不论男妇","凡天下婚姻,不论财",这种男女平等的思想是对封建夫权的有力冲击。《制度》有"丰荒相通""用之有节以备兵荒"等项规定,提倡互相帮助,照顾鳏寡孤独和残废病人。这些规定的积极意义是应当充分肯定的。

《制度》本身是一个革命性和封建性、空想性的矛盾统一体。太平天国的英雄们的可歌可泣的英勇斗争谱写了农民革命的光辉篇章。在漫漫长夜里,《制度》和太平天国许多重要文献一样,迸发出革命思想的火花,表现了洪秀全等农民革命领袖的可贵的勇于探索的精神。可是在没有出现新的生产力和生产关系的情况下,没有无产阶级及其政党的领导,农民战争的领袖们并不能找到领导农民阶级走向彻底解放的道路,闪耀着革命光芒的思想火花,终究被漫漫长夜所吞噬。

---

[1] 杨兆年:《上督府田贼始末书》,见同治《瑞金县志》卷十六"兵寇"。

《制度》的革命性和封建性、空想性这样互相矛盾的两个方面反映了太平天国英雄们思想上的矛盾。他们宣传朴素的平等思想,实际上却以封建王朝为楷模,设计了一个等级森严的繁杂的政治制度;他们要"天下田天下人同耕",但又没有废除封建土地所有制;他们提倡男女平等,实际上却搬出"妻道在三从,无违尔夫主"[1]的封建教诲。这种相互矛盾的现象在太平天国革命中多有所见。应当说这是旧式农民战争所无法解决的矛盾。

论者往往说《制度》是一个"动员千百万农民起来斗争的伟大的革命纲领"[2],然而却举不出《制度》直接发挥作用的史料来证明这一点。事实上,《制度》在实际斗争中是影响甚微、作用不大的。当时,除《制度》外,还颁布了一个《百姓条例》,其中有些规定与《制度》很类似。如其中规定"不要钱漕,但百姓之田皆系天王之田,收取子粒,全归天王,每年大口给米一

---

[1] 《幼学诗》,见马光琅编校《千家诗》,天津:南开大学出版社,1995年,第270页。

[2] 蔡少卿:《论太平天国与天地会的关系》,《历史研究》1978年第6期,第50页。

六、如何评价《天朝田亩制度》

石,小口减半,以作养生"[1],这和《制度》的原则是一致的。可是,正是这样的规定"已无人理,究不能行,遂下科派之令"[2]。近年,在江西都昌发现的1855年的太平天国布告说:"所有一切应完地丁以及芦课、鱼课等项,论富户、贫户务宜一体完纳",办法是"暂依旧例章程"[3]。这说明了当时实际上执行的并不是《制度》,而是洪秀全所批准的杨秀清等人的《请准良民照旧交粮纳税本章》。

在太平天国革命中,真正发挥重大作用的,是一些切合实际需要的口号和措施。太平天国史料中屡有"概免租赋三年""薄赋税、均贫富"之类的口号和这些口号受到群众欢迎的记载,说这些口号、措施"乡民德之"[4],"赍粮供贼者沿江皆是"[5],天京附近的农民

---

[1] 《金陵被难记》,见中国史学会《太平天国4》,上海:上海人民出版社,1957年,第750页。

[2] 《贼情汇纂》"科派",见中国史学会《太平天国3》卷十,上海:上海人民出版社,1957年,第275页。

[3] 《文博简讯》,《文物》1979年第3期,第96页。

[4] 《贼情汇纂》"房劫",见中国史学会《太平天国3》卷十,上海:上海人民出版社,1957年,第271页。

[5] 《吉尔杭阿禀稿》,见《吴煦档案》,南京太平天国博物馆陈列品。

"交长毛钱粮,不复交田主粮"[1]。这些在革命斗争中起了重大作用的口号、措施在《制度》里茫然不见,这是评价《制度》时不能不引起注意的一个问题。

一个伟大的革命纲领,必定是为革命斗争指明正确方向、对动员和组织群众进行斗争能起巨大作用的纲领。定都之后,在太平天国领导集团面前的重要任务,是如何采取有力措施去夺取全国政权。适应这种形势需要的,应当是反映夺取全国政权全局思想的富于进取精神的纲领,而不应当是像《制度》这样的偏安一隅的小朝廷的具体设计。

定都金陵是太平天国革命的一个高潮。从当时的情况看,推翻清王朝反动统治以夺取全国性的胜利并非完全没有可能,关键在于领导集团如何分析形势以作出正确的战略决策。可是,这个时候,踌躇满志的洪秀全、杨秀清等人都程度不同地滋长了骄傲自满、贪图享受的思想,往日那种"越钢关而扫铁卡,所向

---

[1] 汪士铎:《乙丙日记》卷二,见沈云龙主编《近代中国史料丛刊》第十三辑,台北:文海出版社,1973年,第89页。

六、如何评价《天朝田亩制度》

无前"[1]的革命精神淡薄了,从金田驶来的农民革命风帆在虎踞龙蟠的地方搁浅了。当时,忽视全局而仅仅注目于经营南方的言论甚嚣尘上,似乎已经大功告成,可以"开创新朝""坐得江山"了。分析《制度》的内容可以看出,尽管它具有某些积极成分,但从主导精神看则是消极的,是偏安江左建立一个小朝廷的保守思想的反映。

太平天国革命虽然属于旧式农民战争的范围,但就其所处的历史时代来说,它和以往的农民战争又有着明显的不同。鸦片战争之后的中国社会已经跨入了近代历史的范畴。时代要求太平天国革命能够超出以往的农民革命,在寻求农民阶级解放的道路上迈出新的步伐。《制度》的根本缺陷在于它没有顺应历史发展的潮流,提出符合时代前进方向的新的思想内容。正由于它没有超出封建的政治制度和经济制度的范围,缺乏近代民主主义的新鲜内容,所以,它的历史价值和意义是远逊于洪仁玕写的《资政新篇》的。虽说《资政新篇》完全没有涉及土地问题,但是它提出了大力

---

[1]《洪仁玕自述》,见中国史学会《太平天国2》,上海:上海人民出版社,1957年,第658页。

发展资本主义的积极措施。这些措施远远超出了《制度》所设计的"五母鸡二母彘"之类的小农经济的狭小范围,实际上是一个在发展资本主义的基础上,通过开矿山、筑铁路、办工厂、设银行、奖励发明创造、学习外国的先进技术等项办法,建立起近代工业的宏伟规划。尽管由于条件限制,充满着近代民主气息的《资政新篇》并没有取得什么实际效果,但是对于探索农民阶级解放的道路却具有重大的意义。可以说,在农民战争的思想发展的历史上,《资政新篇》揭开了新的一页,而《制度》则仅仅是旧的一章的结束。

七、甲骨文"徒"字说
——关于商代社会底层劳动者的一个考察

关于上古时代社会底层劳动者的研究，不可忽略的一个内容就是商代的"徒"。殷墟卜辞所记的相关材料，应当引起重视。甲骨文"徒"字除了已考定的作"⿱土止"形的上土、下止之字外，还有一类被混入"往"的徒字，这一类字作"⿱止土""⿱止土""⿱止土""⿱止土"形，是上止、下土之形，以前多被释为"往"。胡厚宣先生曾敏锐地指出两者不同，但还是将其释读为另类的"往"字。张桂光先生则将这两类字从笔划到用例作了深入研究，指出这两类根本就不是一个字。其判断是正确的。后来姚孝遂先生将这后一类字再细分为两类。又将这类字的研究向前推进了一步。但张、姚两家的结论是将这类字释为甲骨文"执"字。但是,如读若"执",分析相关辞例往往龃龉而费解。关于此点,典型的例证是在卜辞里它和习见的"执"字连用,两个动词系连,很难说得通。裘锡圭先生曾明确将这个字呈土块形的部分释为"土",而非作为甲骨文"执"字刑具的半边。我认为这类字应当释为"徒"。因为这样释读不仅于字形上更为合理,而且分析相关卜辞用例也更为恰适。要之,这类字当释为从土的"徒"字。它和习见的已被认定的"徒"相比较,其区别仅在于偏旁位置之别。这一类"徒"字,在今所见卜辞里,据统计有58条之多,和原先考定的作上土下止之形的仅9条卜辞的"徒"字相比,所增加的数量相当可观。这对于认识商代这种身份的人的情况,有较重要的意义。卜辞记载他们最多的劳作是刈草。从商王朝繁多祭祀的用牲情况看,所用饲草的数量当甚多,用"徒"刈草在卜辞里有较多记载,也说明商王朝贵族对于此事的重视。有一条卜辞记载在某地刈草的"徒"逃跑,为此事于"己卯"这天进行占卜。商王看了贞卜的龟兆,判断这些"徒"隐藏在一个猪圈里,并且于七天之后的"丙戌"日可以将其捉到。此类辞例可使我们深入了解商代的社会

七、甲骨文"徒"字说

生活。商代的徒,有些属于商王朝,有些则属于各邦族。他们缺乏人身自由,常被监管拘执。甲骨文里这一类"徒"字的考定为我们认识商代社会底层劳动者提供了不少新材料。

关于社会的普通劳动的研究,是商代史研究的重点之一。例如关于卜辞所载"众""仆"等的研究皆有重要成绩。商代社会还有一类比这些普通劳动者身份更低些的人,由于相关文字没有释读出来,所以尚缺乏讨论。这类社会底层劳动者,就是商代的"徒"。通过相关甲骨文字的考释,我们可以见到多于过去认定的相关记载数倍的卜辞材料。相关的探讨,应当是一件饶有兴味的事情。

(一)甲骨文"徒"字的考定

甲骨文"徒"字作"𠂆",上土,下止,应当是个形声字,以"土"表音,以人体之一部分代表人体。其造字本义应当和人徒步行走相关,因此,《说文》训其为"步行也,从辵,土声"。段玉裁注"辻,隶变作徒"[1]，后世"徒"行而"辻"废，但宋代字书仍存"辻"字，并注明与"徒"相同。[2]甲骨文从止的字，每有写作从"辵"者，如"逐""逆"两字即为其例。所以诸家释"𠁼"为"徒"，确无可疑。

除了这个习见的"徒"字外，甲骨文里还有一个过去多混入"往"字的"徒"字，值得加以讨论。本文所探讨的就是这一类"徒"字。今试说如下。

以前认定的甲骨文"往"字有两类字形，最常见的一类作：

另一类字作：

这后一类字，常与前一类字混同，都被释作"往"，

[1] 段玉裁：《说文解字注》二篇下辵部，上海：上海古籍出版社，1981年，第70页。
[2] 《宋本广韵》模部，北京：中国书店，1982年，第62页。

七、甲骨文"徒"字说

长期以来未能从"往"字中分别出来。但是，也有学者注意到了两者的区别。如胡厚宣先生就曾指出，两者本来不同，自从许慎将两者混而为一之后，这个字就成了往来之往的古文[1]。胡先生目光如炬，这一类字确与习见的甲骨文"往"字有所区别，只可惜他没有作更细致的探究。依胡先生所说这后一类字和那个常见的"往"字的区别仅在于指逃亡而言，其实还是将这一类字读"往"。

真正将这一类字与常见的"往"字相区别是张桂光先生，他指出："✤与✤并不是一个字，✤字从✤，✤声。✤与✤相比，不但笔画少，而且都是便于刀刻的直线条，……若将✤的✤写作✤，则与简化、声化都完全相违，六七十字都这样写是不合常理的。从文例看，确可证为'往'的'往来''往伐''往兽''往追'等辞例，往字均作✤，无一作✤的，其余文例，亦多不

---

[1] 胡厚宣：《甲骨文所见殷代奴隶的反压迫斗争》，《考古学报》1976年第1期。裘锡圭先生认为胡先生的这个看法"很有启发性"[《甲骨卜辞中关于俘虏和奴隶逃亡的史料》，《裘锡圭学术文集》（5），上海：复旦大学出版社，2012年，第5页]。

相似,与应该不是一个字。"[1] 张先生从两者字形的不同和相关的文例之别所进行的辨析很有说服力,是很正确的判断。

那么,这后一类字应当是什么字呢?

张桂光先生对比相关辞例,指出这后一类字的""应当是""的省体,而""的本义,"或可解作脚镣,即后世桎梏的桎字"[2]。张先生的这个推定,受到了不少专家的肯定,姚孝遂先生就将这后一类字再分为两部分,指出:"或乃'奉'字省形,而与则为'往'之异构"[3]。总之,胡厚宣先生将两类字的区分、张桂光和姚孝前两位先生的考论,把对于这一类字的研究

---

[1] 张桂光:《古文字中的形体讹变》,见《古文字研究》第十五辑,北京:中华书局,1986年,第178—179页。

[2] 张桂光:《古文字中的形体讹变》,见《古文字研究》第十五辑,北京:中华书局,1986年,第178—179页。按,赵平安先生指出,"这个字理解为逸或读为失"(《战国文字的"遴"与甲骨文"奉"为一字说》,见《古文字研究》第二十二辑,北京:中华书局,2000年,第275—277页)。后来,裘锡圭先生肯定赵平安的这个说法,指出这个字当"释读为'逸'"(《裘锡圭学术文集(5)》,上海:复旦大学出版社,2012年,第14页)。按,赵、裘两先生的新说颇有理致,然尚未能完全替代释为"执"字的旧说。今仍以旧说为据来进行讨论。(后加)

[3] 于省吾主编:《甲骨文字诂林》第一册,北京:中华书局,1996年,第831页。

向前大大推进了一步。然而，其中也有待解决的一些问题，主要是：

其一，如果把 🌵 或 🌵 这一部分字作为"奉"字省形，则这一部分字就是"执"字。执，是甲骨文中变体最多的字之一，变体虽多，却皆用如执、拘之义，是为动词，而卜辞中却有它用在习见的"执"字之后的例子[1]，两执字连用，颇有不词之嫌。另外，这一类字在卜辞中多用在动词之后，如"取 🌵""以 🌵""刖 🌵"等[2]，两动词连用，也很费解。

其二，姚先生把这个字分为两个部分，在卜辞里难以区别。如《合集》838片，同样的贞问，一作"以 🌵"，一作"以 🌵"，很难说" 🌵 "与" 🌵 "在用例上有什么区别。再如《合集》848号的甲、乙两片，辞例字体皆同，而甲片作"执 🌵"，乙片则作"执 🌵"，也很找出两者的不同之处。再如讲相同贞问的两片卜辞，一作"侯虎 🌵"，一作"侯虎 🌵"[3]，也是无法予以区分的。

其三，姚先生所指出的"奉"字的释读，已是学

---

[1] 辞作"执 🌵"（见中国社会科学院历史研究所编《甲骨文合集》，北京：中华书局，1982年，第136片。下引此书，只注《合集》片号）。

[2] 依次见《合集》841、838、861等片。

[3] 《合集》第3297、3298片。

界定论，它的字形作"▓"若"▓""▓"，其相关辞意皆为对于人的抓捕拘执，其被释为"執"字，已经了无疑义。我们现在所要强调的是被混为"往"字的另一类的字形，并不是它的省形。甲骨文"執"的基本构件是刑具桎的象形"▓""▓""▓"，如果截取其上半，则作△、△、△等形，若在其上部加上表示脚趾形的"▓（止）"，也很难说与这另一类的"▓""▓""▓""▓"等形相近[1]。作为桎形的執字，其中部外凸，而两端内收，但这混同于"往"的另一类字在"止"下的部分却是两端均内收，如果是截取"執"字之半的话，则它的下部应当外凸而非内收。如果不是截取其半，则两者更无相似之处。要之，如果断定这后一类字的"▓"是"▓"的省体，那是需要更多证明才可以成立的。

总之，从以上三点看，把这类字的一部分释为

---

[1] 或有专家将这个字释为"▓"，是为上止下立之字（见胡厚宣主编《甲骨文合集释文》第130—136片，北京：中国社会科学出版社，1999年），罗琨先生读这个字为"亡"，谓"从止（足趾），从幸，或体作▓，从立（幸字一半），幸是枷锁的象形"（《商代人祭及相关问题》，《甲骨探史录》，上海：上海三联书店，1982年，第135页）。愚以为这个说法不大可信，原因在于，这后一类字的字形可以比较明显地看出字的下部所从并非"立"，与甲骨文"立"的形体差异较大，并且谓立为"幸"之半，似难取信，因此本文未敢采取此种解释。

"𡙕（执）"，以及将两类字区分，都存在着障碍。应当说，对于这类字的认识尚有再探讨的余地。愚以为，如果换一个思路，也许能够解决以上所存在的问题。今试说如下。

这一类字，即前面提到的作 🀰、🀰、🀰、🀰 等形的字，在"𠂇（止）"下的那一部分应当是土字。请看甲骨文"土"的字形："Ω""Ω̇"，与作"🀰""🀰"字形的下部是相同的，关于甲骨文"土"字的形体有多种说法，有谓其为社主、牡器、石柱等说，比较而言，以持土块说的学者最多，也最可靠。如王襄说，契文 Ω Ω，"疑象土块形"，叶玉森说"∶Ω∶，亦即土字"[1]，方述鑫说土字，"甲金文象土块在地面之形"，并具体解释说"Ω"为土块，"一"为地[2]。陈梦家先生说："武丁卜辞'土'作 Ω、∶Ω∶，象土块之形。"[3] 再如甲骨文"𢼊"字[4]，或释为从立、从豕之字。裘锡圭先生明确指

---

[1] 王襄、叶玉森两家之说转引自于省吾主编《甲骨文字诂林》第二册，北京：中华书局，1996年，第1182页。
[2] 方述鑫等：《甲骨金文字典》，成都：巴蜀书社，1993年，第1042页。
[3] 陈梦家：《殷虚卜辞综述》，北京：中华书局，1988年，第583页。
[4] 加拿大皇家安大略博物馆：《怀特氏等收藏甲骨文集》，1979年，第1648片（《合集》30273片），见附图二十一。下引此书，简称《怀特》。

出,"这个字的左旁的下部明明是'土'字"[1]。就"土"的字形来说,作地上立一土块形的"⛰"者为最多,但亦有只作土块形而下部不从"一"者,如《合集》第9744片的"⚫",就是一例。由此我们可以推测,甲骨文"𧾷""𧾷""𧾷""𧾷"等皆是上"止"下"土"之形。这4例字形里的前两例,在"土"形上有类似两撇的两划,应当是甲骨文"土"字表示四散土块的点划(如⁚⛰⁚、⚫)的讹变,也可能是饰笔,并无特别的意义。

甲骨文"𧾷""𧾷""𧾷""𧾷"这一类字和原先被认定的徒字相比,只是"土"和"止"这两个构件所放置的位置不同而已。裘锡圭先生指出,"古汉字的偏旁位置是很不固定的"[2],这正揭示了甲骨文字发展的一个习见的现象,例如甲骨文昔字,其所从的川旁,或在日上(𣊤),或在日下(𣊡);"明"字的日旁,或在月左(㫰),或在月右(㫘);"莫(暮)"字的草旁,或在日上(𦱤),或在日的四周(𦱰),"椒"字所从的

---

[1] 裘锡圭:《释殷墟甲骨文里的'远''迩'及有关诸字》,见《裘锡圭学术文集·甲骨文卷》,上海:复旦大学出版社,2012年,第172—173页。
[2] 裘锡圭:《文字学概要》,北京:商务印书馆,1988年,第165页。

七、甲骨文"徒"字说

丈旁，或在林之下（㞢），或在林之右（㞢）；再如旦字，日或在口之上（旦），或在口之下（旦）；再如灾字，所从的"𢁁"，或在戈援上（𢦏），或在戈援下（𢦏），或在戈援之中（𢦏）。是皆为其例。不同位置的偏旁，有时候可以衍化生成新的字，但我们上举诸例，却是一个字的不同写法，亦即同字异体。偏旁的位移，是文字构形尚不够成熟这一情况的反映。要之，甲骨文"㞢""㞢""㞢""㞢"和"㞢"当写作"走"，释为"徒"，和习见的甲骨文"徒"字相比，其区别仅在于偏旁位置的不同。这一类"徒"字，据统计，有58条，和原先考定的作上土下止之形的仅9条卜辞的"徒"字相比，所增加的数量相当可观[1]。这对于认识商代"徒"这一社会阶层，是很有意义的事情。

（二）甲骨卜辞所见"徒"的身份及社会地位

卜辞所见的"徒"是商王朝或其他邦族的下层劳动群众。卜辞记载他们最多的劳作是刈草。请看下列

---

[1] 见姚孝遂主编《殷墟甲骨卜辞类纂》，北京：中华书局，1989年，第318—319、309页。

卜辞：

(1) 甲午卜，争贞，徒刍圂，得。

(2) 贞，徒刍，不其得。

(3) 贞，徒刍，不……

(4) 贞，徒刍，得。

(5) ……卜，宾[贞]，……徒刍，得。

(6) ……徒刍……率得……[1]

这6条都是武丁时期的卜辞。从卜辞记载看，商王朝祭祀要用大量的圈养牛、羊、豕等，是为"大牢""小牢"所用的牺牲。可以有这样的推断，即商王朝所需的喂养牲畜的饲草之数量是很大的[2]。卜辞记载有"朕刍""王贞，来競刍"[3]，即商王亲率刈草；还有命令某族为商王朝刈草，如"雀刍""🦴刍"，意即雀族、🦴族为商王朝刈草；还有直接征取某族刈草的记载，如"呼

---

[1] 依次见《合集》第130、131、132、133片局部、134片、《英藏》第776片。本文末附图，依次见附图一、附图二、附图三、附图四、附图五、附图六。

[2] 甲骨卜辞里的"刍"，专家或释为放牧。商代有大量的圈养牲畜，圈养的牛称"牢"，圈养的羊称为"宰"，卜辞所载祭祀用牲有"五十牢""三十牢""七十宰""三十宰"等，数量不少，所需饲草亦当数量可观。所以将"刍"理解为刈草，比释为放牧，似更合理。

[3] 见《合集》第148、152、160片。

七、甲骨文"徒"字说

取羞刍""呼取何刍""取克刍"[1]，即指征取羞、何、克等族的饲草。卜辞所载"徒刍"是指商王朝直属的"徒"来刈草。相似的例子，还有"工刍""臣刍"[2]，即"工""臣"这样的身份的人进行刈草。上引（1）辞的"徒刍霝"，可以有两种理解，一是指霝族之徒刈草；二是指商王朝的徒到霝地刈草。两说相较，似以后说为长。辞中的"得"即得失之得，意谓如此刈草有所收获（"得"）。上引（2）至（6）辞皆贞问让徒刈是事有收获。

商王朝的"徒"身份低贱，平时可能受到严格监管，因此卜辞里有徒逃亡并被执获的记载，请看下面几例：

（7）己卯卜，古贞，……执徒刍自宂。王占曰："其隹（惟）丙戌执有尾（微），其隹（惟）辛，家。"

（8）癸丑卜，争贞，旬亡咎。王占曰："有祟，有梦。"

---

[1] 见《合集》第111、113、114片。按，因为卜辞有"取生刍鸟""取牝畜"（《合集》第116、117片）的记载，所以说"刍"当即牲畜。此说虽有一定道理，但并不能证明卜辞记载的所有"刍"皆为牲畜。所以一般的"刍"还是指饲草为妥。卜辞单言刍者，当指刈草而言。

[2] 《合集》第128、1380片。按，在卜辞里，"工"可读若"贡"，亦多指臣工，但也有不少指工奴，说详肖楠《试论卜辞中的"工"与"百工"》（《考古》1981年第3期第266页）一文。

甲寅,允有来艰。又(有)告曰:有徒刍自益,十人又二。

(9)[戊午]暨己未,宰、䎽(䎽)刍徒自夋圂。[1]

这3条都是一期卜辞。(7)辞贞问是否可以在"宁"地执获逃跑的刈草的徒。商王的占辞说:在丙戌这天若去捉,这些"徒"会隐藏起来,在辛日可以从猪圈里将其捉执。辞中的"尾"当读若微。古音微与尾,同属微部,且声纽亦同,故两者相以通假。《尚书·尧典》"鸟兽孳尾"[2],《史记·五帝本纪》"尾"作"微"[3],《庄子·盗跖》"尾生",《释文》"一本作尾生"[4],是皆为例。而微字有隐藏之意[5]。这条卜辞的"丙戌执有尾(微)",意谓丙戌这天去抓捕,逃亡的徒会藏匿起来。这条卜辞的最末一字"家",原作屋下有双豕之形。南方干栏

---

[1] 依次见《合集》第136正、137、138片。文末附图依次见附图七、附图八、附图九。

[2] 《尚书·尧典》,见孙星衍《尚书今古文注疏》,北京:中华书局,1986年,第17页。

[3] 《史记·五帝本纪》,北京:中华书局,1959年,第16页。

[4] 郭庆藩:《庄子集释》卷九下,北京:中华书局,1961年,第998—999页。

[5] 《左传》哀公十六年"其徒微之",杜注"微,匿也"(阮元校刻《十三经注疏·春秋左传正义》卷六十,北京:中华书局,1982年,第2178页),《国语·晋语》四"设微薄而观之",韦注"微,蔽也"(《国语》卷十,上海:上海古籍出版社,1978年,第346页),是皆为例。

式建筑往往最下层圈养牲畜，上层住人。北方猪圈，也多在人的居室附近。所以家字，亦有圈养家畜之地（如猪圈）的意蕴。本辞的"其隹辛，家"，用字极简，但联系全辞之意，尚可加以推测，它的意思是说在辛日，那些逃亡的徒会藏匿在猪圈一类地方，可以从那里将其抓获。除了此条卜辞以外，从"宀"地捕获逃跑的刈草之徒的记载还有《合集》第135片的两条卜辞[1]。

（8）辞是一条卜旬之辞。贞问此旬会不会有祸咎。商王的占辞说：有祸咎，有梦。这一旬的甲寅这天果然来了麻烦。这麻烦就是，有报告说，刈草的徒从名叫"益"的这个地方逃跑了十二个人。另有卜辞谓"徒刍……率得"[2]，也可能是关于能否抓获逃跑的刈草之徒的贞问。

（9）辞的"宰"字原作"宀"形，与甲骨文"宀""宀"当为同字异体。这个字的解释迄无定论，学者或释为寇、僕、浴等，郭沫若释为"宰"，说较近是。他指出："此项人物本罪隶俘虏之类，祭祀时可用为人牲，征

---

[1] 见《合集》第135片。
[2] 李学勤、齐文心、艾兰：《英国所藏甲骨集》，北京：中华书局，1985年，第776片。本书引此书处，简称《英藏》。

伐时可作兵士，而时有逋逃之事。余疑此即宰之初字也。《说文》云'宰，罪人在屋下执事者，从宀从辛。辛，罪也'。此字正象一人在至下执事之形，其必为罪人，则由辞意可以证之。"[1] 卜辞有"呼追宰，及"[2]，意即追逃亡之宰，可以抓获。可证"宰"的身份当是被执拘的罪隶之人。今从郭沫若说，释其为"宰"。这条卜辞的"䕞（䕞）"疑当为地名或族名，"䕞（䕞）刍徒"指此族刈草之徒。此条卜辞贞问戊午和己未两天商王朝的宰和（䕞）族刈草的徒是否会从夊地的圈（监狱）里逃跑。要之，平时被拘执的"徒"，在外刈草时逃跑，是商王比较关心的事情之一，因此屡有这方面的贞问。还有"执徒"的卜辞，如"其执徒自……""执徒自……"[3]，因辞残而不能肯定是否与刈草有关，但"徒"为被拘执者的意思则是肯定的。

还有两条关于徒和逃跑的卜辞也很能说明"徒"的身份。这两条卜辞是：

---

[1] 郭沫若：《释臣宰》，见《郭沫若全集》考古编第一卷，北京：科学出版社，1982年，第76页。

[2] 《合集》第566片。按，卜辞中亦有关于"追徒"的占卜，谓"隹甲追"（《合集》第975片反面），意即甲日可以追获逃跑的徒。

[3] 依见次《合集》第848片甲、第848片乙。

（10）乙酉卜，宾贞，州臣㞢（有）徒自🔲（寰），得。

（11）贞，徒自🔲（寰），得。[1]

上引（10）辞的"㞢"，除作祭名外，还可读为"有"若"又"。辞中的"州"，饶宗颐先生疑为"州闾之州"；辞中的"臣"类乎卜辞中的"小丘臣"，为商王朝的地方官吏[2]，其所管辖的劳动者中有"徒"。这条卜辞贞问州臣所管辖的"徒"，是否可以从🔲（寰）地抓获，占卜的结果是可以抓到（"得"）。从卜辞内容推测，州臣所辖之徒应当是逃跑了的，所以要贞问其逃跑的情况。（11）辞的内容与（10）辞相似，只是不知道其所言的"徒"是不是州臣所管辖者。

本文上面所提到10多条卜辞所载的"徒"，应当都是商王朝所直接管辖的底层劳动民众。作出这样推测的理由是，相关卜辞皆属王卜辞，是王朝贞人为商王进行的贞问，其中有的明确指出是商王朝下层官吏（如"州臣"）所属的徒；有些是王朝大臣所征取者，如

---

[1]《合集》第849、855片。文末附图依次见附图十、附图十一。

[2] 饶宗颐：《殷代贞卜人物通考》，见《饶宗颐二十世纪学术文集》卷二，北京：中国人民大学出版社，2009年，第183页。

"自般取徒""乎枲取徒""推以徒"[1]等，自般和枲都是商王武丁时代的王朝大臣，"推"在卜辞中除读若摧，用作灾害字以外，还用作人名，疑亦一名王朝之臣。这些人所征取的或所召致（"以"）的"徒"，是为他们自己的"徒"，抑或是交付王朝管辖的徒，从相关卜辞中还看不出来，可能以后一种情况近是。我们前引（1）至（6）辞皆为商王朝命令"徒"刈草的占卜，说明"徒"是商王朝主要劳动力之一。上引（7）—（11）辞多贞问"徒"逃跑及被抓获的事，可见其身份是被管辖而不自由的。

除了商王朝所管辖者以外，卜辞还记载有各邦族的徒。如：

（12）甲戌卜，㱿贞，雀人、子商徒，基方，克。

（13）令𢀖（捍）徒，卯。

（14）贞，于羌甲御克徒疾。

（15）壬寅卜，㞢贞，妣己，克徒。

（16）贞乎帚（妇）徒，㞢（有）得。

（17）贞乎帚（妇）徒，亡得。

---

[1]《合集》第839、840、838片。关于"取徒"的记载还见于《合集》第841、842等片。

（18）……以子徒于妹（未，沫）。

（19）戊戌卜，㱿贞，王曰：侯虎徒，余不棘（棘），其合以乃事，归。

（20）……侯虎徒，余不棘（棘），其合以乃事，归。

（21）癸未卜，宾贞，禽徒田，不来归。十二月。

（22）贞，勿令□（禽？）徒田，十一月。

（23）……戌卜，令禽徒田，不。[1]

上引皆一期卜辞，（12）（13）两辞的"徒"作上土下止之形，余皆为我们所指出的下土上止之形的"徒"。（12）辞的"人"字下部略残，或释为"及"，或写作"?"不若释为"人"为优[2]，辞意盖贞问雀族之人和子商所辖的徒讨伐基方能否获胜。子商应当是商王朝子族的一位氏族长。所云"子商徒"，即子商（或者说子商族）所管辖的徒。基方，一般认为是位于商王朝西方的敌对方国，卜辞有商王朝讨伐它的记载，子商为征伐基

---

[1] 依次见《合集》第 6573、6653、641、859、2652、2652、3218、10405、3297、3298、10146、10148、10147 片。文末附图依次见附图十二至附图二十、附图二十二、附图二十三、附图二十四。按，第（18）辞的"妹（未，沫）"之释牵涉问题较多，暂释如此。容当另文讨论。

[2] 见胡厚宣主编《甲骨文合集释文》第 6573 片，北京：中国社会科学出版社，1999 年。

方次数最多的王朝大臣。[1]

（13）辞的"捍"，在卜辞中可用作方国或族名，"王飨捍""多马从捍""令捍执百（㲋）"[2]等辞，是可为证。（13）辞的"卯"为剖杀牲体之法。此辞贞问是否命令捍族之徒来宰杀牲畜。

（14）辞是为徒攘除灾祸的占卜。此辞贞问是否御祭先王羌甲，为"克"族之徒攘除疾病。克，在卜辞中多用若动词胜、攻取之义，但亦为族名、人名。克在商王朝中盖任武职，所以卜辞有"亚克"和表示征集人员的"克登百"之载[3]。商王朝为克族之徒举行攘祭，说明克族与商王朝关系比较密切。

（15）辞文字简略，可参照（14）辞来理解，意思是贞问是否向先妣妣己举行某种祭礼来攘除克所管辖的徒的灾祸。

（16）（17）两条是对贞卜辞，从正反两个方面贞问帚（妇）所管辖的徒是否有"得"。关于"徒"的卜辞

---

[1] 参见宋镇豪主编，孙亚冰、林欢著《商代史》卷十《商代地理与方国》，北京：中国社会科学出版社，2010年，第308—310页。
[2] 依次见《合集》第5237、5716、10389片。
[3] 见《合集》第5860、13754、8952片。

中贞问是否有得，有两种情况，一是派出从事某项工作（如刈草）的徒是否有收获；二是逃跑的徒能否被抓获。这两条卜辞的"得"当以前一种情况近是。商代的"帚（妇）"指商王若贵族之妻或亲属，不仅可以为官，而且还可带兵打仗、主持祭祀、管理农事、处理政务。他们拥有自己管辖的徒，是很正常的事情。

（18）辞贞问是否使子族的徒在妹（未，沬）地从事某项劳作。"子"在卜辞中地位较高，是王朝大臣或诸侯一类人物的尊称，是为商王之子。卜辞有"多子"，即这个阶层人物的合称，以"子"为氏族长的氏族，合称"多子族"，是商王在王族以外的基本核心力量[1]。"岳"在卜辞中除了作山神之名外，还用作人名或地名。

---

[1] 关于"多子"和"多子族"的详细论考，见李学勤先生《释多君、多子》，胡厚宣主编《甲骨文与殷商史》，上海：上海古籍出版社，1983年，第13—20页。

（19）辞的"朿（棘）"读若急[1]。"合"，读若会[2]。此辞贞问商王是否可以向侯虎所辖的徒说这样的言辞，即向侯虎所管辖的徒说，我不着急，你们可以会合之后再去做你们的事，然后回归。（20）辞应当是（19）辞的同文卜辞，所贞问的内容完全一样。

（21）辞贞问，禽族之徒参加商王的田猎，是否归来。

（22）辞的"令"字下所残缺的字从句式和字体看与（21）辞接近，疑当为禽字。亦贞问禽徒田猎之事。

（23）辞的"不"字，当一字为句，表示反问，意谓不令禽徒田猎吗。这几条关于"禽徒田"的卜辞，裘锡圭先生曾引张政烺先生说，认为应当读为"土其田"，"土"即《周礼·地官·大司徒》"土其地"的"土"，

---

[1] 棘，多读若急，在上古文献中用例甚多，《诗经·小雅·采薇》"狁孔棘"、《诗经·桧风·素冠》"棘人栾栾矣"，毛传皆谓"棘，急"，《诗经·雨无正》"孔棘且殆"、《诗经·大雅·文王有声》"匪棘其欲"，郑笺皆谓"棘，急"，《楚辞·天问》"启棘宾商"，洪兴祖补注"棘，急"。是皆为证。或有专家读为"尔"，似不若读"棘"为优。

[2] 本辞的"棘"读若急，"合"义为"会"，说详于省吾《双剑誃殷契骈枝·释束》，见《甲骨文献集成》第八册，成都：四川大学出版社，2001年，第220—221页。

意谓度田[1]。此说虽然不为无据，但辞中的"徒"字，比较清楚，不当释其为"土"。另外，卜辞中的"田"，多指田猎，"禽徒田"的意思似以释其为田猎之事为优。

这12条卜辞虽然都是王卜辞，但所贞问的从事某项事务的"徒"却都是由某一氏族首领所统辖者，这些卜辞前的名词多指氏族首领，有子商、𠦪（捍）、克、侯虎、禽等，另外还有泛称的"子"和"帚（妇）"。这些徒，是商王朝命令某人所管辖的王朝的徒，抑或是属于某一氏族而为王朝所征调的"徒"，目前尚无法推断。愚以为后一种可能性大些。因为这类徒不参加为王朝刈草的劳作，从前引（1）—（6）辞看，为商王朝刈草者，只单称"徒"，其前不附加名词，而这12条卜辞的"徒"，则附加有名词。另外，这后一类"徒"无逃跑被抓的相关占卜，与所前引（7）—（11）辞的情况不同。

总之，从这些相关的记载里，我们可以看到商代的"徒"的社会身份比较低下，无论是商王朝的，抑或是各部族的"徒"，他们不堪繁重劳作时会选择逃跑

---

[1] 裘锡圭：《甲骨文中所见的商代农业》，见《裘锡圭学术文集·甲骨文卷》，上海：复旦大学出版社，2012年，第262页。

的方式进行反抗。若说商代的"徒",是其社会的底层劳动者,应当是比较合适的。

(三)略说商代以后时期的"徒"

商代以后,这种缺乏身份自由的社会底层劳动者也常被称为"徒"。周代彝铭记载,"徒"曾被编入军队,似为下层的徒兵。西周后期器《禹鼎》载:"禹率公戎车百乘,厮御二百,徒千。"[1]这应当是"徒兵"的最早的文字记载。春秋晚期齐器《叔尸钟》有赏赐"遻(造)或(铁)徒四千为女(汝)隶寮"[2]的记载,所云"造铁徒",与商代的"刍徒"有些类似,是为专门从事某项劳作的"徒"。战国时期的工匠称为"徒",武器铭文常有监管这些工匠的职官之称如"左徒"、某地之徒等,由于社会上"徒"的数量不少,所以国家上层官员亦

---

[1] 马承源主编:《商周青铜器铭文选》第三册,北京:文物出版社,1990年,第282页。

[2] 郭沫若:《两周金文辞大系图录考释》,北京:科学出版社,1957年,第203页。按,此句铭文有不同的释读,马承源主编《商周青铜器铭文选》第四册(文物出版社,1990年)第540页,将"造"字连上句读,不若郭沫若连下句读为优。

有"司徒""大司徒"等职。《周礼》所载大司徒的主要职守是"掌建邦之土地之图与其人民之数,以佐王安扰邦国""大军旅,大田役,以旗致万民而治其徒庶之政令",小司徒的职守里,"起徒役""治其徒役"是其重要内容。[1]不难看出,大小司徒的职守与商代对于徒的管理有一定的相似之处。

周代对于"徒"的管理以司徒之职为主,从西周彝铭可知,此类职官有王官和诸侯属官两类,这应当和商代王朝之徒和各邦族之徒并存的情况有延续关系。

先秦时期文献记载的"徒",大约分为两类。

一类是"徒兵",即军队中的步兵,《左传》记载春秋有"徒兵"的诸国,以郑、楚居多[2]。楚国、吴国、越国鲁军队或称为"师徒"若"徒师"[3],《诗·閟宫》用"公

---

[1] 阮元校刻:《十三经注疏·周礼注疏》卷十,北京:中华书局,1982年,第702、708、711、714页。

[2] 关于郑国"徒兵"的记载见于《左传》隐公四年、襄公元年、昭公二十年。关于楚国者见《左传》僖公二十八年。另外,《孔子家语·在厄》篇有陈、蔡两国的"徒兵"的记载。

[3] 《左传》庄公四年、《国语·吴语》《国语·越语》《吕氏春秋·察微》《墨子·非攻》。

徒三万"称颂鲁国兵力之强，可见其军队中已有相当数量的徒兵。战国时期的私家武装多称为"徒属""士徒"[1]。

另外一类是国家的工匠或贱役。《左传》桓公十二年"驱楚役徒于山中"，所言"楚役徒"就是楚国供役使的"徒"。《诗·小雅·车攻》"徒御不警"，"徒御"指推拉辇车的役使之人[2]。《周族·乡师》"大军旅会同，正治其徒役，与其輂辇"，可见"徒役"者还要准备"輂辇"[3]，这与《车攻》所说的"徒御"、《左传》所说的"役徒"、《商君书·垦令》所说的"厮舆徒重"、《战国策·韩策》所说的"厮徒负养"，是一致的。"徒役"之称，到战国时期还见诸史载[4]。

这些"徒"，在春秋战国时期多是国家征召而来，《周礼·小司徒》所谓"凡起徒役毋过家一人"，这些人称为"正徒"，在军队从事杂役类的繁重劳动。诸

---

[1] 《韩非子·亡徵》《韩非子·外储说右下》《吕氏春秋·慎人》。

[2] 《尔雅·释训》"'徒御不警'，輂者也"。清儒马瑞辰说"徒御"即"輂者"(《毛诗传笺通释》卷十八，北京：中华书局，1989年，第556页)。

[3] 《周礼·乡师》所说的"輂辇"，皆指车辆而言，孙诒让《周礼正义》引江永说"从后推之，从前輓之曰辇"(《周礼正义》卷十一，北京：中华书局，1987年，第823页)。

[4] 见《韩非子·外储说右上》《韩非子·显学》。

七、甲骨文"徒"字说

侯国宫中低贱的寺人有的也被称为"徒人"[1]。战国时期,"徒"之社会地位仍然不高,《商君书·境内》说秦国军队中最低一级的人称为"校徒操士",《吕氏春秋·决胜》称"厮舆白徒",《鹖冠子·博选》讲人之等级,"徒隶"排在"厮役"之下,可见"徒"的地位之低。《墨子·尚贤》说"贫而贱之,以为徒役",要之,徒为社会上的贫贱之人,当为定论。据《墨子·非攻》中篇所说,当时的攻战之国"人徒之众,至有数百万人",可以推测"徒"应当是社会上一个数量可观的群体。"徒"无有自由的社会身份,至战国时期依然如故,所以当时有"匿徒之刑"[2],禁止隐匿逃亡的"徒"。

秦汉魏晋时期,社会上有大量的"徒",有些是国家的刑徒,常和"隶"并称为"徒隶";有些是贵族所拥有的"徒附"[3]。何兹全先生曾经综论其社会身份,指

---

[1] 《左传》庄公八年"徒人费",《汉书·古今人表》作"寺人费",是为其例。《孙膑兵法·十阵》所称"徒人"(张震泽:《孙膑兵法校理》,北京:中华书局,1984年,第130页),指"步卒",与寺人之称徒者有别。
[2] 《墨子·公孟》。
[3] 《后汉书·仲长统传》引《昌言》谓"豪人之室,连栋数百,膏田满野,奴婢千群,徒附万计",可见东汉时期贵族拥有的"徒附"之多。

出,"秦汉时的徒,也是奴隶。奴隶是终身的,没有期限。徒是有期限的"[1]。东汉光武帝曾多次赦免刑徒和改善其待遇,东晋时期也有几次免奴为客,贵族也有不少自动免奴为客者。总之,"徒"的低贱身份在汉魏时期有较大变化,其社会地位逐渐提高[2]。从商代开始的社会身份低贱、没有人身自由的"徒",在唐宋以降,渐渐退出历史舞台。这类社会底层的劳动者在古代中国社会历史上延续存在了数千年之久,其对于社会发展的贡献与影响,不可小觑。

(四)简短的结语

甲骨文"徒"字除了已考定的作"𧿒"形的上土、下止之字外,还有一类被混入"往"的徒字,这一类字作"𧼯""𧼯""𧼯""𧼯"形,是上止、下土之形。从卜辞用例看,这后一类字读若徒皆文从字顺,而读若往

---

[1] 何兹全:《中国古代社会》,北京:北京师范大学出版社,2001年,第251页。

[2] 参见何兹全《中国古代社会》(北京师范大学出版社,2001年)第250—480页。

七、甲骨文"徒"字说

则较费解。与"徒"相关的卜辞,透露了商代社会"徒"的身份及社会地位等情况,可以概括为以下几点。

其一,从上引卜辞中我们可以看到,"徒"的拥有者多为商代的贵臣大族。有名者,如子商、克、侯虎、🈳(捍)、禽等,还有泛称的"子""帚(妇)",以及"州臣"。除了这些具名者外,卜辞中一般所称的"徒",应当属于商王室所有。

其二,可以推测,"徒"是商代社会底层的劳动者,他们缺乏人身自由,常被监管拘执,所以卜辞记载中有"徒"趁刈草之机或其他机会逃跑的事,对于抓获的"徒"施以刑罚的事,也见于卜辞记载。卜辞谓"刖徒""束(刺)徒"[1],就是对"徒"施以刖刑或刺刑。此可见,商王室对于"徒"的管辖是比较严酷的。

其三,由于"徒"是社会劳动力,其状况与商王室及各邦族的经济收入颇有关系,所以卜辞里有为"徒"攘除疾病与灾祸的记载,所祭的祖先神灵有"羌甲"和"妣己",前引(14)(15)辞是为其例。商王和贵族除

---

[1] 见《合集》第861、860片。按,"束(刺)"在卜辞中可以用作动词,即施以刺刑,亦可以用作名词,指地名若邦族名。《合集》860片正面的两条卜辞贞问"其束徒""不束徒",当为对贞。从辞意分析,"束"当以用为动词为妥。

了以严酷手段管辖"徒"以外,还关心其疾病与灾祸。

其四,商代以后,"徒"这种身份低下的底层劳动者,在社会上长期存在,历经周、秦、汉、魏晋等时段,而渐趋消失。

总之,分析相关卜辞资料,可以将商代"徒"的社会身份概括如下:徒是商代社会底层劳动者。他们有些为商王朝所拥有,有些则属于各邦族。"徒"的身份自由受到限制,所以,卜辞里每有关于"徒"逃逸的贞问。卜辞所见,"徒"的最主要的劳作是刈草,这与商王朝饲养大量牲畜以供祭祀、军事战争的需要有关,由此看来,有许多"徒",应当是商王朝和各部族所管理的不可或缺的贱役之人。

附图:

图一 (《合集》130片)　　图二 (《合集》131片)

七、甲骨文"徒"字说

图三 （《合集》132 片）　　图四 （《合集》133 片局部）

图五 （《合集》134 片）　　图六 （《英藏》776 片）

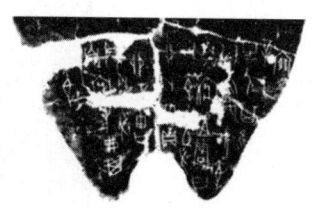

图七 （《合集》136 片正面局部）

图八 (《合集》137 片)

图九 (《合集》138 片)

图十 (《合集》849 片)

图十一 (《合集》855 片)

图十二 (《合集》6573 片)

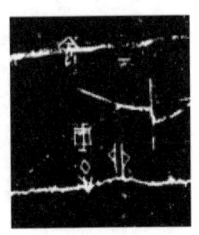

图十三 (《合集》6653 片局部)

七、甲骨文"徒"字说

图十四　(《合集》641片)

图十五　(《合集》859片)

图十六　(《合集》2652片)

图十七　(《合集》3218片)

图十八　(《合集》10405片)

图十九　(《合集》3297片局部)

农民起义第一王

图二十 (《合集》3298 片)

图二十一 (《怀特》1648 片)

图二十二 (《合集》10406 片)

图二十三 (《合集》10408 片)

图二十四 (《合集》10147 片)

八、周代国人与庶民社会身份的变化

如果说"众"和"众人""徒"是商代底层的主要劳动者的话,那么,周代的社会底层劳动者则非国人和庶人、庶民莫属。周代的国人与庶民是最主要的社会劳动者,其身份的研究对于探讨古代社会结构和社会形态有重大意义。本文从社会历史变迁的角度,力图说明在不同历史时期国人与庶民的身份特征的变化,说明国人、庶民与宗族的关系。西周春秋时期所谓的"国人",皆为宗族之人。换句话说,游离于宗族之外的国人,在那个时期是找不到的。在我国古史上,族和国人几乎同时退出政治历史舞台,其间的微妙联系是颇为耐人寻味的事情。

古代社会中普通劳动群众——特别是周代的"国人"与"庶民"——的身份及社会地位等问题,对于研究古代社会结构和社会性质至关重要，前辈专家的研究成果甚多，但尚有继续探讨的余地。本文不揣谫陋，试图从国人、庶民社会身份变化的角度进行一些论析，而这个变化不仅是社会结构变迁的反映，而且是西周春秋战国时期阶级、阶层变化的晴雨表。

（一）西周与春秋时期国人身份的区别

关于周代国人的问题，前辈专家论析甚多之处，本文不拟重复，只是想讨论国人身份的变化，主要在于说明春秋和西周时期国人身份是有所区别的。

国人在西周前期尚未登上历史舞台，随着土地制度和社会结构的变化，国人在西周后期才显示出作为社会阶层的影响和力量，厉、宣时代的"国人暴动"就是一个明证。但是分析《国语》的记载，可以看出其所称的举行暴动的"国人"，其成分是复杂的，其中包括了军队成员、贵族、职官及国都中的居民等多种，尚非后来所称举的有明确范围划分的"国人"概念。如果说西周时期社会上有"国人"这一社会阶层，那也只能说是处于其发展的准备阶段。

八、周代国人与庶民社会身份的变化

进入春秋时期以后，国人阶层扩大，影响趋于增强。国人的范围主要指城邑及其四郊的居民，他们或拥有一些土地，或拥有一些财产而经营工商业，都有私人经济。东周时期，国人拥有一定的经济实力，这一点表现得甚为清楚。春秋后期，吴军攻入楚国的时候，曾经命人召见陈怀公，实际上是让陈表示态度，是跟从吴国，抑或是跟从楚国。史载，"怀公朝国人而问焉，曰：'欲与楚者右，欲与吴者左。'陈人从田，无田从党"。可见陈的国人有一部分是拥有田产者。陈国司徒辕颇"赋封田以嫁公女，有余，以为己大器，国人逐之，故出"，可见陈的国人多有田地，所以司徒辕颇依据土地数量多少而征赋。由于在各诸侯国内部各个社会阶层中国人数量相当可观，并且拥有自己的经济实力，所以常常能够影响国家政治局势的发展。春秋时期的国人与西周时期不同之处即主要在于它作为一个有影响的社会阶层，在社会生活中发挥着重要作用，史称的"国人暴动"，其参加暴动者的成分复杂，似不应当以之作为国人在西周时期已有巨大政治作用的明证。

春秋时期，国人在社会生活中的重要作用主要表现在以下几个方面。

首先,国人是各诸侯国军事力量的基础,而西周时期这种情况是不存在的。春秋前期,狄人伐卫的时候,卫国的国人不满意卫懿公对于鹤的宠爱,"将战,国人受甲者皆曰:'使鹤!鹤实有禄位,余焉能战?'"致使卫国覆灭于狄人之手。春秋后期,晋国强盛的卿族范氏和中行氏进攻晋定公,"国人助公,二子败"。国人的力量可以与两家卿族抗衡,足见其联合在一起所形成的军事力量相当可观。鲁哀公六年(前489年)齐国的国氏和高氏两家卿族被陈氏、鲍氏打败而逃走,"国人追之"。能够追赶拥有相当实力的卿族,可见国人有战车和兵器。

其次,在各诸侯国内部的政治生活中,国人有举足轻重的作用,有些军国大事,须得国人拥护,才可以通畅地实行。春秋后期,卫灵公决意叛晋的时候,便"朝国人",询问是否可行,国人表示"五伐我,犹可以能战",卫灵公这才正式叛晋。对于君主和执政大臣可以直言不讳地进行评论和批评。例如,鲁僖公二十二年(前638年),宋襄公在泓水之战中致使宋国大败于楚,战后,"国人皆咎公",对君主有批评之权。秦穆公死后以子车氏的三个儿子殉葬,"国人哀之,为之赋《黄鸟》"。这是国人批评君主的一例。鲁宣公十二年(前597年)郑国被楚军围攻时,曾经"卜临于大宫",即卜问若在郑太祖之庙痛哭是否有利,结果吉利,于是"国人大临",表示了守城的决心,使得楚军不敢小觑,"楚子退师,郑人修城"。鲁襄公四年(前569年)鲁军吃了败仗,"国人诵之曰:'臧之狐裘,败我于狐骀。我君小子,朱儒是使。朱儒朱儒,使我败于邾!'"通过民谣批评了鲁君和有关的将领。郑国的大政治家子产"作丘赋"的时候,"国人谤之,曰:'其父死于路,己为虿尾,以令于国,国将若之何?'"国人不仅批评子产,而且连带羞辱其父,可见其意见之尖锐。

再次,有些国家君主的废立,往往与国人有关。春秋前期,晋惠公被秦俘获的时候,曾经谋划"朝国人以君命赏,且告之曰:'孤虽归,辱社稷矣,其卜贰圉也。'"可见建立嗣君之事要通告于国人。晋楚城濮之战以前,"卫侯欲与楚,国人不欲,故出其君以说(悦)于晋,卫侯出居于襄牛"。这是国君在外交政策上与国人相左的时候而被逐出的一例。后来,卫成公在晋国支持下要返回卫时，还要订立盟约，"国人闻此盟也，而后不贰"。春秋中期，郲国君主的嗣立也是国人影响甚巨的一例。鲁文公十一年（前615年）"郲大子朱儒自安于夫锺，国人勿徇"；"十二年春，郲伯卒，郲人立君。大子以夫锺与郲邘来奔"。依礼，太子继位为君应当是顺理成章的事情，但是郲太子因为与国人不和，所以未能继位，只得逃到鲁国。莒国君主莒纪公宠爱次子季佗，莒国的太子仆便"因国人以弑纪公"。鲁襄公三十一年（前542年）莒国君主"犁比公虐，国人患之，……展舆因国人以攻莒子，弑之，乃立"。莒国这两件事都是国君在争夺权力的斗争中被国人杀掉的例证。从春秋时期各国的情况看，君主嗣立以后，多与国人相盟，以求取得国人支持，齐景公嗣立后，"崔杼立而相之……盟国人于大宫"，就是一例。春秋时期各诸侯国的国君对于国人至少在表面上是相当重视的，郑简公曾经"盟国人于师之梁之外"以期得到国人拥戴。这里应当指出，君主的废立由国人参与意见，虽然《周礼》中有此说，但其事例却不见于西周时期。

复次，春秋时期各诸侯国贵族间的斗争，常常以国人的意志为转移，符合国人愿望者获胜机会大增。

八、周代国人与庶民社会身份的变化

春秋中期,宋成公的时候,"穆、襄之族,率国人以攻公,杀公孙固、公孙郑于公宫"。宋国的穆、襄之族之所以敢于发兵攻打宋国君主,关键在于他们有国人的支持。春秋中期,宋国公子鲍千方百计争取国人支持,"礼于国人,宋饥,竭其粟而贷之……公子鲍美而艳,襄夫人欲通之,而不可,乃助之施。昭公无道,国人奉公子鲍以因夫人"。宋的国人不仅可以帮助其所拥戴的公子鲍扩展影响,而且可以帮助宋襄公夫人与公子鲍私通,其能耐可谓大矣。春秋中期,郑国发生内乱,"子驷帅国人盟于大宫,遂从而尽焚之",靠国人的支持而占据了优势。鲁成公十五年(前576年)宋国卿族斗争时,"华喜、公孙师帅国人攻荡氏,杀子山",华氏之所以能够获胜,"国人与之"是最为重要的因素。鲁襄公十年(前563年)子产率族兵与反叛的郑国贵族作战时,"子产率国人助之,杀尉止、子师仆,盗众尽死",因国人的支持而获胜。

对于贵族的恶行,国人往往心中有数,正如《诗经·墓门》篇所谓"夫也不良,国人知之"。宋国的华臣为国人所厌恶,鲁襄公十七年(前556年)"国人逐瘈狗,瘈狗入于华臣氏,国人从之,华臣惧,遂奔陈",

此事表明对于有恶行的贵族，国人会采取巧妙的方式与之斗争。郑国子孔当政的时候，"国人患之"，于是"子展、子西率国人伐之，杀子孔而分其室"。鲁襄公二十七年（前546年）齐国崔氏发生内乱，执政大臣派人进攻崔氏，"弗克，使国人助之，遂灭崔氏"。我们在前面提到的那位陈国司徒辕颇，因为贪污从国人那里征收的赋税，所以"国人逐之"，可见国人有些时候也联合采取行动，并非全都依附于贵族而行动。

上述这几个事例都表明国内卿族间的斗争往往要靠国人的参与才能使胜负得见分晓。正因为如此，春秋中期以后常有贵族争取国人支持的事例出现。贵族要有一定的威望，"国人所尊，诸侯所知"，是最基本的条件。例如，郑国的子皮"饩国人粟，户一锺，是以得郑国之民，故罕氏常掌国政，以为上卿"。春秋后期，鲁国的阳虎意欲作乱的时候，曾经"盟国人于亳社，诅于五父之衢"。

战国时期，国人仍有一定影响，《战国策·东周策》载周文君欲免除工师籍的职务，"国人不说（悦）"，周文君得术士建议后，"遂不免"，顺从了国人的意愿。然而，由于自耕农的大量出现，社会结构发生了重大

八、周代国人与庶民社会身份的变化

变化,所以"国人"之称在战国时期已经十分罕见,并且即使用"国人"之称,也多指某国之人,而不像春秋时期那样主要指都邑内外之人。战国后期,公孙龙讲赵国封赏不均时谓"亲戚受封,而国人计功",这里的国人,即指赵国一般的人,非必谓赵国都邑中人。孔子语谓"先进于礼乐,野人也;后进于礼乐,君子也",孟子语谓"无君子莫治野人",似已将"君子"等同于国人,但其所论之君子实际上是指国家的统治者。他不提君子如何治理国人,而只提"治野人"。这似乎表明,孟子的时代,传统的"国人"已经退出了历史舞台。

分析周代国人在社会生活中的重要作用,隐然可见在其背后的这样一条线索,即国人皆为聚族而居于国中者。贵族所居之地,亦以其名称之,如"蹶之里",即周卿士蹶父所居之里。春秋前期晋楚城濮之战晋军入曹国时,晋文公"令军毋入僖负羁之宗族间",可见此间里为僖负羁之宗族所居者。可以说西周春秋时期所谓的"国人",皆为宗族之人。换句话说,游离于宗族之外的国人,在那个时期是找不到的。西周时期除了宗周、成周这样的大都邑之外,某一"里""间"之类的居住地，常常是某一大族之所居，而春秋时期则多为某一居住区由多族合居，国家的权力得到加强。战国时期，随着个体小农登上历史舞台，宗族解体分化，各国多设置郡县等行政组织，将居民直接统治起来，而不再经过"族"这个层次。在此之后，虽然族还长期存在，但在社会政治中的影响却风光不再。族和国人几乎同时退出政治历史舞台，这其间的微妙联系是颇为耐人寻味的事情。

（二）周代庶人社会身份的变化

春秋战国时期社会上的庶民和庶人，和国人的主要区别在于其范围比国人要大，一般泛指平民，与所谓的"百姓""民"等意义相同，庶人中从来不包括贵族，而国人范围中是可以包括贵族在内的。春秋时期，周的内史过评论虢国形势说："虢必亡矣，不禋于神而求福焉，神必祸之；不亲于民而求用焉，人必违之。精意以享，禋也；慈保庶民，亲也。今虢公动匱百姓以逞其违，离民怒神而求利焉，不亦难乎！"在内史过的概念里面，"庶民""百姓""民"等，皆为一个意

八、周代国人与庶民社会身份的变化

思。鲁国公父文伯之母在讲到如何治理庶民的问题时,认为"圣王之处民也,择瘠土而处之,劳其民而用之,故长王天下。夫民劳则思,思则善心生;逸则淫,淫则忘善,忘善则恶心生;沃土之民不材,逸也;瘠土之民莫不向义,劳也。是故……自庶人以下,明而动,晦而休,无日以怠"。她所说的"庶人",就是社会上的一般民众,特别是从事农业劳作的民众。关于庶人所从事之业,《管子·君臣》篇有很典型的说明:

> 务四支(肢)之力,修耕农之业,以待令者,庶人也。是故百姓量其力于父兄之间,听其言于君臣之义,而官论其德能而待之。

由于农民是最主要的社会劳动生产者,所以这里将庶人定义为"修农耕之业"者。与孟子所说的"在野曰草莽之臣,皆谓庶人"是一致的。这类庶民就是通常所说的平民百姓。这种情况在战国时期依然如故,例如赵武灵王胡服骑射的时候,曾谓"敌弱者,用力少而功多,可以无尽百姓之劳,而享往古之勋。夫有高世之功者,必负遗俗之累;有独知之虑者,必被庶人之恐",将庶人与百姓同等并列。贫穷的庶民,有时候也出卖自己的劳动力,为人作佣。春秋中期,齐国崔氏之乱的时候,申鲜虞逃奔到鲁国,"仆赁于野,以丧庄公",雇佣郊野地区的贫民为齐庄公服丧。

庶民的称谓起源较早,西周时期的彝铭《大盂鼎》铭文里就有"庶人六百又五十又九夫"的记载。庶,有众义;庶人即众人,其义或可指有一般社会地位的人。周代有"百工谏,庶人传语"的传统,庶人地位与百工相近。举行籍田礼的时候,"王耕一墢,班三之,庶民终于千亩",可能意味着庶人是社会上主要的农业生产劳动者。到了春秋时期情况依然如此。春秋中期,楚人议论晋不可伐,理由之一便是晋国的"庶人力于农穑",所以国家稳固,"力于农穑"正是庶人的本业。《国语·晋语》四谓"士食田,庶人食力",所谓"食力",即指农业劳作而言。春秋初年,晋国的师服说"大夫有贰宗,士有隶子弟,庶人、工、商,各有分亲,皆有等衰";春秋中期,晋国的师旷也曾说"大夫有贰宗,士有朋友,庶人、工、商、皂、隶、牧、圉皆有亲昵"。《墨子·天志》上篇谓"无从下之政上,必从上之政下,是故庶人竭力从事,未得次己而为政……

八、周代国人与庶民社会身份的变化

天子为政于三公、诸侯、士、庶人",明谓庶人之事由士"政"——即治理。这些都表明在晋人的心目中庶人地位在士之下,皂隶之上,与国人地位相当。《庄子·渔父》篇提到庶人的多种忧虑之事,其中有三项是"田荒室露,衣食不足,征赋不属",可见耕种农田、提供征赋是庶人最主要的职责。

作为主要的农业生产劳动者,庶人的多数应当是原先的氏族公社成员,在氏族与宗族组织纽带减弱的时候,逐渐成为一定程度上独立的个体农民,即庶民。在春秋时期社会结构迅速变动的情况下,有些贵族地位下降而变成庶民。春秋后期就有"《诗》曰:'高岸为谷,深谷为陵。'三后之姓,于今为庶"的说法,即指虞、夏、商三姓的贵族到了春秋时期,有的就已经成了庶民,春秋时期,楚国的子木曾说:"大夫有羊馈,士有豚犬之奠,庶人有鱼炙之荐。"后来,楚国的观射父还说"大夫举以特牲,祀以少牢;士食鱼炙,祀以特牲;庶人食菜,祀以鱼"。庶人的祭礼在原则上与大夫、士这样的贵族等级相似,这其间所透露的消息表明庶人与贵族似乎有着某些联系。春秋战国时期,社会等级发生了重要的变动。许多世家卿族下降为平民,而有些士人平民则平步青云成为显贵，若借用"高岸为谷，深谷为陵"的诗句来形容其变化之巨，实不为过分。战国时期临淄城中制陶业十分发达，据临淄所出土的陶文记载，集中居住于临淄城中丘齐乡王姓陶工很多，他们分别居住于这个乡的陶里、辛里和平里。居住于辛里的还有姓公孙的陶工。依据这些陶文资料，专家曾经进行了精辟的分析，认为他们都是王公贵族后裔之沦落为平民者。

随着战国时期手工业的兴旺发达，手工业工匠也就成为社会上人数颇多的一个社会阶层。这个阶层应当是庶民的一部分。这些工匠，有些属于官府手工业，有些则是个体手工业者。战国时期的许多城市的居民，都有相当数量的工匠。小手工业者有自己的作坊，分散生产，向官府交税，按时服役，身份是比较自由的，但是其负担也相当沉重。这些手工业者，在城市里可以迁徙居处。临淄所出陶文里记载有名赏的陶工，陶文载有"楚郭乡芦里赏"，又有"孟棠陶里赏""确间豆里陶赏"。如果这里的"赏"为一人，那么，他在临淄城中便在楚郭乡、孟棠乡、确间乡三个区域里面居住过。名赏者迁徙的原因虽然不明，但是作为制陶工

八、周代国人与庶民社会身份的变化

匠，其可以自由迁徙这一点还是可以肯定的。各诸侯国贵族对于庶民比较重视，晋国的韩无忌曾经引用《诗经·行露》"弗躬弗亲，庶民弗信"的诗句来说明问题，可见十分看重庶民的舆论。如果一个国家庶民不能安居乐业而处于十分贫困的境况，就意味着该国走上了穷途末路。春秋后期，晋国的叔向说到晋国已经进入"季世"时，就将"庶民罢敝"列为相当重要的一项。鲁昭公九年（前533年），鲁国修筑郎囿的时候，执政大臣季平子欲督促庶民快干，叔孙昭子即认为这会给庶民造成负担。他说："《诗》曰：'经始勿亟,庶民子来。'焉用速成，其以剿民也，无囿犹可；无民，其可乎？"在君主的园囿和庶民的拥戴二者之间，叔孙昭子认为后者必不可少，而前者则可有可无，将庶民摆在了相当重要的位置。鲁定公九年（前501年）齐国的鲍文子认为不可出兵伐鲁，其主要理由便是鲁国"上下犹和，众庶犹睦"，将众庶视为国家安危的基石。春秋末年，不少国家贵族采取各种方法争取庶民的支持，赵简子誓师之辞中所悬赏格中谓若克敌，便"庶人工商遂"，就是著名的例证。《庄子·渔父》篇谓："天子诸侯大夫庶人，此四者自正，治之美也。"对于庶人在治理国家中的重要作用也十分重视。

就政治地位来说，庶民中还应当包括高利贷者及庸工等，而这些身份的人在西周时期的社会上是不存在的。兹分别对其进行一些阐述。

战国时期随着商品经济的繁荣发展，社会上的高利贷者增多，大致形成了一个不算太小的社会阶层。高利贷者以工商业比较发达的齐国最为突出。《管子·轻重丁》篇曾经借述桓公与臣下对话的形式说明齐国各地高利贷者的情况，其结论是"凡称贷之家，出泉参千万，出粟参数千万锺。受子息民参万家"，可见高利贷者的资金和借贷者的民户数量都是相当可观的。这篇的作者主张对于高利贷者不能压抑，而只能因势利导，可以使用表扬的办法让高利贷者自愿放弃其债务。这个办法是"表称贷之家，皆垩白其门而高其闾"，国君派人"式璧而聘之，以给盐菜之用，……称贷之家皆折其券而削其书，发其积藏，出其财物，以振贫病，分其故赀，故国中大给"。是篇作者所提出的这种办法跟与虎谋皮有些相似，应当说只是一种幻想。然而，从这个设想中却可以看出齐国官府对于高利贷者实处于无可奈何的境地，但却容忍其存在，

八、周代国人与庶民社会身份的变化

并没有采取剥夺的办法与其针锋相对。

战国时期随着商品经济的繁荣发展,社会上的佣工形成了一个人数不是太少的阶层。有些佣工从事田间劳作,《韩非子·外储说左上》篇曾经惟妙惟肖地写出了佣工与雇主间的心理活动:

> 夫卖庸而播耕者,主人费家而美食,调布而求易钱者,非爱庸客也,曰:如是,耕者且深,耨者熟耘也。庸客致力而疾耘耕者,尽巧而正畦陌者,非爱主人也,曰:如是,羹且美,钱布且易云也。

佣工与雇主间存在的是劳力与金钱的交换关系,按照韩非子的话来说便是"取庸作者进美羹",要以美羹换取佣工的尽力劳作。佣工所从事的劳作多种多样。《韩非子·五蠹》篇谓"泽居苦水者,买庸而决窦",那些受水涝之苦的人要雇佣工挖渠排水。这类佣工,身份虽然属于自由民,但是生产资料匮乏,生活相当艰难。《韩非子·外储说右下》篇曾经讲到"人有年老而自养者"的老人,这位老人"有子三人,家贫无以妻之，庸未反（返）"，其三个儿子都外出为佣工，连妻子都娶不上。这类佣工，应当是庶人阶层之最低者。战国后期，齐闵王之子法章在战乱中，曾经"变姓名，为莒太史家庸夫。太史敫女奇法章之状貌，以为非常人，怜而常窃衣食之"，法章作为庸夫，衣食不足，还要靠人接济。为了保持农业劳动力附着于土地，各诸侯国或采取措施限制佣工农作，《吕氏春秋·上农》篇说："农不上闻，不敢私籍于庸，为害于时也。"前人曾经指出这里的"上闻"，即农民得赐爵以后通名于国家，其社会地位有所提高。只有那些有一定社会地位的人才可以雇佣以代耕，否则不准私自养庸。商鞅变法时曾经实行"无得取庸"的措施，认为只有如此，才能够做到"大夫家长不建缮，爱子不惰食，惰民不窳，而庸民无所于食，是必农。大夫家长不建缮，则农事不伤，爱子惰，民不窳，则故田不荒。农事不伤，农民益农，则草必垦矣"。这些都是从束缚劳力于农作的角度出现而采取的措施。

作为社会基本劳动者的庶人，对于社会政治似乎有一定的发言权，所以孔子才有"天下有道则庶人不议"的说法。可是在战国时期，庶人的社会权力越来

八、周代国人与庶民社会身份的变化

越小,荀子所谓"孝弟原悫軥录疾力,以敦比其事业而不敢怠傲,是庶人之所以取暖衣饱食,长生久视,以免于刑戮也",可以说是当时庶人社会地位的真实写照。在春秋战国时期,特别是诸国变法之后,庶人多以个体农民的形象出现于社会生活舞台,庶人与国人的主要区别在于:第一,国人有很大的政治生活中的发言权,而庶人则无;第二,作为一个社会阶层,国人存在于西周春秋时期,战国以后的"国人",则不再具备其前的国人的含义,而庶人则一直存在于中国古代社会,尽管其社会身份和地位有所变化,但其名称却一直行用不废。

在本文最后,我们可以缕析一下庶人(庶民)身份及其社会地位变化的线索。西周时期庶人社会身份盖为宗族中的普通劳动者,即宗族中最普通的人数最多的成员。由庶人而升入统治阶层几乎是不可能的事情。到了春秋时期,庶人社会地位依然如此,一般说来,庶人作为国人的一部分,其社会影响随着国人的增强而有强化的趋势。春秋末年,墨子尚贤的呼吁里面即明确主张"列德而尚贤,虽在农与工肆之人,有能则举之,高予之爵,重予之禄,任之以事,断予之令"。

到了战国时期，由于社会结构的大变革的出现，庶人可以平步青云而出将入相，所以荀子亦大声呼吁"贤能不待次而举，罢不能不待须而废，元恶不待教而诛，中庸民不待政而化。分未定也则有昭缪。虽王公士大夫之子孙，不能属于礼义，则归之庶人，虽庶人之子孙也，积文学，正身行，能属于礼义，则归之卿相士大夫"。这些思想家的言论已经折射出庶人社会地位变化的景象。然个别庶人的平步青云，只是君主青睐的结果；思想家的呼吁还基本上处于理想境界。庶人社会地位的真正普遍提高在有周一代都是未曾出现的事情。

参考资料

［1］〔汉〕司马迁:《史记》,北京:中华书局,1959年。

［2］〔汉〕贾谊:《新书校注》,北京:中华书局,2000年。

［3］〔汉〕班固:《汉书》,北京:中华书局,1961年。

［4］〔清〕曾国藩:《经史百家杂钞》,长沙:岳麓书社,2015年。

［5］〔清〕顾炎武:《日知录集释》,上海:上海古籍出版社,2014年。

［6］〔清〕王鸣盛:《十七史商榷》,南京:凤凰出版社,2008年。

［7］〔宋〕徐梦莘:《三朝北盟会编》,上海:上海古籍出版社,1987年。

［8］〔清〕阮元校刻:《十三经注疏》,北京:中华书局,

1982年。

[9] 金毓黻等编:《太平天国史料》,北京:中华书局,1955年。

[10] 于省吾主编:《甲骨文字诂林》,北京:中华书局,1996年。

[11] 陈梦家:《殷虚卜辞综述》,北京:中华书局,1988年。

[12] 裘锡圭:《裘锡圭学术文集·甲骨文卷》,上海:复旦大学出版社,2012年。

[13] 姚孝遂主编:《殷墟甲骨卜辞类纂》,北京:中华书局,1989年。